*Merkle Sonntagssegeln*

*Ludwig Merkle*

# sonntags-segeln

*Ein Segelnlernbuch für ausgesprochene Anfänger*
*2. Auflage*

*Verlag Delius, Klasing & Co Bielefeld · Berlin*

ISBN 3-7688-0156-x


*Printed in Germany 1974*
*Zeichnungen: Eckehard Schonart*
*Fotos: Blumenschein (1), Duscha (1), Groß (1), Gugelwerke (1), Klepper-Werke (4), Lüden (1), Metzeler (1), Verfasser (12), YACHT-Fotoarchiv (7), Yachting Brasileiro (1)*
*Herstellung: Druckerei Wilhelm Röck, Weinsberg*

# *Vorwort*

Es gibt zahlreiche überaus gescheite Segelbücher, denen man dienlichen Ratschlag auf dem Wege zum Regattapreis und zur Welt- oder Olympiameisterschaft entnehmen kann. Der Verlag Delius Klasing & Co. ist eine wahre Fundgrube für exquisites maritimes Schrifttum, ob sich's um „Einhand zum Sieg", „Praktisches Navigieren nach Gestirnen" oder um „Schnell segeln — schneller als die andern" handelt.
Dies Buch schlägt ein bißchen aus der Art des Hauses. Es ist mehr für Landmenschen geschrieben, die fern vom Meer und vom Rekordehrgeiz, aber trotzdem nicht direkt wasserscheu, wohl zufrieden wären, unpraktisch nach Kirchtürmen zu navigieren und, langsamer als manche andere, vierhändig als vorletzte im Hafen einzutreffen. Die nicht scharf drauf sind, A-, BR-, BK- und C-Scheine zu sammeln, aber dennoch gern wüßten, wie Segeln geht. Denen das Segelschiff weder Lebensinhalt werden soll noch Grundlage zum Weltruhm; die es nur nett fänden, vom Wind dahingeblasen, am Samstag, Sonntag und auch an Christi Himmelfahrt auf einem freundlichen, sonnigen Binnensee herumzukreuzen.
Wobei natürlich der künftigen Entwicklung keinerlei hemmende Grenze gesetzt ist und im Segelsack auch des Lesers dieses Sonntagssegelbuches ein kleiner Admiralsstab stekken mag. Schon mancher, aus dem etwas wurde, hat ganz klein und bescheiden angefangen.

# *Inhalt*

Seite

# *Segeln oder Motorbootfahren?*

Für einen überzeugten Segelsportsmann ist das keine Frage; für den echten Motorbootkapitän auch nicht. Für Menschen aber, die erst am Anfang ihrer seemännischen Laufbahn stehen, schon.

FÜRS MOTORBOOTFAHREN SPRICHT:

1) Motorbootfahrt ist kinderleicht, man braucht sie nicht erst zu lernen, es genügt, wenn man sich zeigen läßt, wie's geht: Hier anlassen, da ausmachen, da Rückwärtsgang, so lenken, so am Gasgriff drehen. Selbst die scheußlichsten und kompliziertesten Manöver: Anlegen an einem vollen Steg, Mann über Bord, Einfahrt in einen engen, aber verkehrsreichen Hafen, machen nur geringe Schwierigkeiten.
2) Ein Motorboot fährt auch bei totaler Flaute, sogar gut. Und auch gegen den Wind. Segelschiffe können beides nicht.
3) Mit einem Motorboot kommt man deshalb — wenn nicht grad etwas kaputt ist oder die Zündkerzen naßgeworden sind — schnell und bestimmt dahin, wohin man wollte. Als Segler kann man dessen nicht so sicher sein.
4) Ein Motorboot fällt nur in extremen Sonderfällen um. Ein Segelschiff des öfteren auch sonst.

FÜRS SEGELN SPRICHT:

1) Motorbootfahren an sich ist ziemlich langweilig, ungefähr wie Autofahren an sich. Spaß macht es nur ganz am Anfang. Oder wenn man einen sinnreichen Zweck damit verbindet. Einen nützlichen: ich will von hier nach dort; einen vergnüglichen: ich mache eine Bootsreise; einen sportlichen: ich fahre Wasserski. — Segeln dagegen ist, im Grunde, immer ein Vergnügen, respektive meistens: wenn der Wind nicht zu schwach, aber auch nicht allzu heftig ist; und wenn man's wenigstens ein bißchen kann.
2) Segeln ist billiger: man braucht zum Beispiel kein Benzin dazu.
3) Segeln darf man auf den meisten binnenländischen Gewässern; motorbootfahren darf man auf den meisten binnenländischen Gewässern nicht; oder es ist genehmigungspflichtig, und eine Genehmigung bekommt man nicht.
4) Dieses Buch ist kein Motorbootfahr-, sondern ein Segelnlernbuch.

# *Erst denken*

Wie ein jeder Ehemann und Vater, ist auch der Segelfreund gehalten, zuvörderst an seine Familie zu denken. Nicht nur beim Einkaufen des Boots, ob sie ins Schiff hineinpaßt, ob sie lieber eins aus Edelholz oder ein kunststoffenes hätte, sondern, mehr noch, ob sie überhaupt segeln will. Genauso wie es Leute gibt, die sich weder für Rosenzucht noch für Philatelie interessieren, muß man auch mit Ehefrauen rechnen, die nicht segeln mögen. Vergißt man, dies zu berücksichtigen, kann der Segelsport abscheuliche familiäre Konsequenzen nach sich ziehen.

Wir kennen ein Ehepaar, da fürchtet sie sich vor dem Wasser und behauptet, sie müsse bestimmt ertrinken, wenn sie, nach einer Kenterung zum Beispiel, den Kopf unter die Chiemseeoberfläche brächte. Trotzdem segelt sie mutig mit, erbleicht bei jeder Bö und freut sich jeden Sonntagabend nach überstandener Todesangst von Herzen, wenn das Schiff wieder im Hafen liegt und ihr Mann eine Woche keine Zeit hat, dem Wassersport zu obliegen.

Oder Frau Hannelore F. Hier folgt ein Gespräch mit ihr:

„Was haben Sie eigentlich gegen Segeln?"

„Gar nichts. Ich find es bloß stinklangweilig und unbequem, stundenlang auf dem albernen Boot zu sitzen und eine Schnur in der Hand zu halten."

„Aber trotzdem segeln Sie viel mit ihrem lieben Mann."

„Ja, ihm macht es großen Spaß."

„Lassen Sie ihn halt allein segeln."

„Das mag er nicht. Dann ist er beleidigt. Also setz ich mich eben in Gottesnamen dazu."

Oder gar unsere Freundin Ellen. Ihr Mann segelte gern und beinah jedes Wochenende. Sie nicht, sie blieb daheim, und er fuhr ohne sie. Aber Einsamkeit ist nicht schön, besonders auf die Dauer, also fand er bald jemanden, die mit ihm segelt: eine sportliche und ziemlich schöne Dame. Und mit ihr ist er jetzt verheiratet.

Das sind tragische Schicksale. Sie kommen Gottseidank nicht alle Tage vor. Aber man muß die Gefahren kennen, die auf den Sportsfreund lauern, und sollte bei begründeten Bedenken sich die Freizeit vielleicht doch lieber mit Minigolf oder mit Tischtennis vertreiben.

Möglicherweise — das kann durchaus sein — erweist man sich auch selbst als nur mit Maßen segelsportfanatisch; ganz sicher läßt sich das vorher ja schwer sagen.

Drum prüfe man.

Glücklicherweise ist die Welt so eingerichtet, daß ziemlich jeder Mensch, wenn er nur ein klein wenig Umschau hält, in seinem Verwandten-, Nachbarn- und Bekanntenkreis,

unter Geschäfts- und Arbeitsfreunden eine erstaunlich große Anzahl von Personen findet, die vom Segeln was verstehen.
Ich habe nach oberflächlicher Erkundigung zwei Kollegen, einen Vetter und eine gute Bekannte mit A-Schein gefunden, einen Bruder, der schon einmal beim Mitsegeln ins Wasser fiel, noch einen Vetter und den Sohn Hans von Freunden, die zwar keine Scheine, aber durchaus ansprechende Segelkenntnisse besitzen, einen Freund, der nächstes Jahr den A-Schein machen will, einen einstigen Klassenkameraden, der manchmal auf dem Chiemsee segelt, ein Ehepaar in der Nachbarschaft, das erfolglos einen Segelkurs besucht hat, und meinen Freund Wilhelm, der sich erinnert, in seiner Jugend einmal fast am Waginger See gestrandet zu sein.
Das ist eine ganze Menge Leute, und fast alle von ihnen können einen mit guten Tips und Nachrichten versorgen.
Arnold M.: „Ich habe einmal zugeschaut, an einem Steg bei einem Bootsverleiher, da sind zwei in ein Boot eingestiegen, und kaum waren sie drin, ist das Boot umgefallen, an den Steg hin, und im Segel war ein Loch. Das mußten die zahlen, und das war gar nicht billig."
Wilhelm V.: „Segeln ist keine Entspannung, weil man dauernd aufpassen muß, fast wie beim Autofahren."
Klaus Peter H.: „Wenn man umkippt, muß man vor allem den Fotoapparat aus dem Wasser halten, damit er nicht naß wird."
Einer von ihnen ist gewiß bereit — möglicherweise sogar gern —, den segelwilligen Anfänger einmal unverbindlich und probeweise auf seinem Schiff oder auf einem Mietboot mitfahren zu lassen.
Wobei gilt: Je mehr Segelkönner auf diesem Schiff versammelt sind, um so abstoßender erscheint dem Anfänger der Segelsport: Aufgabenlos in ein Eck gesetzt, untätig ins Wasser schauend, kommt ihm alsbald der Verdacht, Segeln sei nicht schöner als Dampfschiffahrt, nur wesentlich langsamer und nicht so komfortabel.
Weit besser tut man, diese Jungfernfahrt mit geringstmöglicher Besatzung hinter sich zu bringen: man selbst und derjenige, der segeln kann. Sehr viel braucht auch der nicht zu verstehen; er muß nur in der Lage sein, das Boot bei leichten Winden einigermaßen sicher zu führen.
Eine Stunde reicht, unter der Voraussetzung, daß sich der Anfänger nach kurzer Einweisung dabei vorwiegend selbst als Steuermann versuchen darf. Nach dieser Stunde müßte er, auch bei nur mittelmäßigem Talent, imstande sein, wenn sanfte Winde wehen,

über den See zu fahren, andern Schiffen auszuweichen, sein Boot zu wenden, wo es nötig ist, und schließlich auch wieder zurückzukommen. Und das ist ja das wichtigste. Das befähigt ihn, künftig mit seiner Frau allein zu fahren.
So leicht ist Segeln — Sonntagssegeln.

# *Kleines Schiff - großes Schiff*

Unser Boot ist eine Jolle, 4 Meter und 39 Zentimeter lang, 1 Meter 70 breit, 115 Kilo schwer, mit 13,01 Quadratmetern Segelfläche (Großsegel 9,24, Fock 3,77). Preis ab Werk 3430 Mark.

Man kann mit unserer Jolle überaus sportlich segeln — wenn man's kann; weit über Bord hinausgelehnt, sich dem Wind entgegenstemmend, kämpfend mit den Elementen, auch ganz artistisch mit Trapez. Oder, bei mäßigerem Wind, faul, gemütlich, bequem, familiär.

Für größere Gesellschaften ist unser Schiff nicht sehr geeignet. Vier Leute kann man mit Müh und Not drauf unterbringen, wenn wenig Wind geht und es dringend sein muß. Drei passen ganz schön hinein. Am besten ist man bloß zu zweit, für zwei ist das Boot gebaut; die zwei sollen gelenkig sein und wasserunempfindlich und von gelassener Gemütsart.

Jollen können kentern; das ist sogar ihre Spezialität. Kielboote, das Gegenteil, wenn man so will, kentern fast nie. Und das kommt so:

Wäre ein Segelboot flach wie ein Kahn oder ein Floß gebaut, dann könnte es zwar gut mit Rückwind segeln, käme der Wind aber von der Seite, würde es querseein, nach Lee getrieben. Da dies oft nicht wünschenswert ist, muß man dem Boot Tiefgang verleihen, damit es Halt findet im Wasser und dem Querwind Widerstand entgegensetzen kann. Diesen Tiefgang erzeugt man gewissermaßen künstlich, indem man den Kiel — den unteren Längsbalken des Schiffs, sein Rückgrat sozusagen — vergrößert und beschwert, so daß er wie eine steife Flosse aussieht. Diese Flosse ragt nach unten, in das Wasser, und verleiht dem Boot die gesuchte Richtungsstabilität. So kommt das Wunder zustande, daß ein Segelschiff auch vorwärts fährt, wenn ihm der Wind von schräg vorne entgegenbläst.

Trotzdem hat der Wind natürlich das Bestreben, das Boot seitwärts zu schieben, in die Richtung, in die er weht. Er kann nur nicht mehr recht, denn der Kiel stemmt sich ihm entgegen. Das Segel dagegen nimmt die Windkraft willig auf, folgt ihr, beugt sich, weil das Schiff nicht nach der Seite ausweicht, und das Boot steht schief, es krängt. Unter Umständen krängt es ziemlich weit, aber das macht fast nichts: je mehr sich das Kielschiff neigt, um so stärker tendiert es dazu — so raffiniert ist es gebaut — sich dank seines Kieles wieder aufzurichten. Selbst wenn es sich um 70, 80 Grad schräggelegt hat und schon fast umgefallen scheint, stellt es sich, wie ein Stehaufmännchen, wieder gerade auf.

Das ist alles sehr schön und praktisch, nur auf Binnengewässern mit verschiedenen

Nachteilen verbunden: Binnengewässer sind oft seicht, der Kiel aber ragt einen Meter oder auch noch weiter in die Tiefe, das Boot wird schwer, man kann es nur mit großen Apparaten aus dem Wasser ziehen — was macht man da?
Man macht den Kiel leicht und beweglich, hochziehbar und nennt ihn „Schwert". Ein Schwert ist eine Platte aus Metall oder aus Holz, schwenkbar in der Längsmitte des Boots in einem Kasten angebracht oder dort hineinsteckbar. Auch das Schwert hemmt den seitlichen Abtrieb des Schiffs, auch das Schwert gibt dem Boot eine gewisse Aufstehtendenz, begreiflicherweise aber aufgrund der anderen Schwerpunktslage eine geringere als der mächtige Ballastkiel, und drum kann das Schwertboot, wenn die Krängung ein gewisses Höchstmaß überschritten hat — 45, 50 Grad etwa — dem Wind nicht mehr viel entgegensetzen: es kentert. Wasser, das über den Bootsrand schlägt, und falsch sitzende Besatzungsmitglieder beschleunigen die Kenterung.
Dafür — so weise ist das auf See eingerichtet und so gerecht gleicht es sich aus — dafür sinkt eine Jolle nicht. Schaumschwimmkörper und Luftkammern machen sie — bei ihrem geringen Gewicht — unsinkbar. — Eine Kielyacht ist durchaus imstand zu sinken, wenn sie, nach einem Zusammenstoß zum Beispiel, mit Wasser vollgelaufen ist. Ihr Gewicht läßt sich mit Luft und Schaumkunststoff nicht mehr ausgleichen.

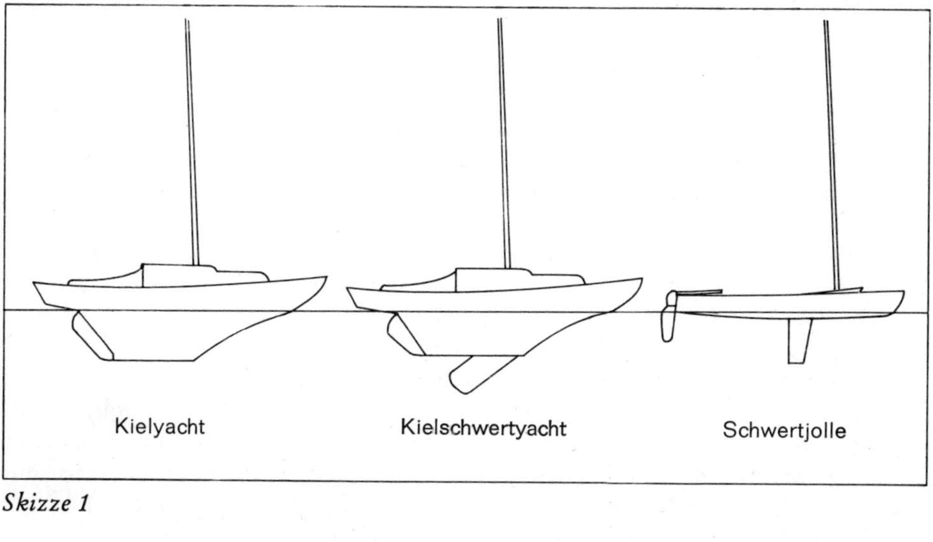


*Skizze 1*

Außer Kielboot und Jolle gibt es Kielschwertboote; ein Kielschwertboot ist ein Mittelding, mit kurzem Kiel und dazu noch ausfahrbarem Schwert. Und es gibt Jollenkreuzer; das sind größere Jollen mit mehr oder minder wohnlicher Kajüte drauf und mit einem Schwert. Ein Jollenkreuzer kann, im Prinzip, kentern, bei manchen Modellen freilich ist das Schwert so gewichtig gebaut, daß es dem Jollenkreuzer nahezu Kielbooteigenschaften verleiht.

Wir haben keine Kajüte. Dem Wetter preisgegeben, dem Sonnenschein, dem Regen, segeln wir in mehr oder minder sportlicher Manier.

Steigt man von einer Jolle auf einen Jollenkreuzer um, dann hat man etwa das Gefühl wie ein Motorradfahrer, der zum erstenmal in ein Auto gesetzt wird. Jollenkreuzer sind Familienboote. Vier, fünf und auch sechs Leute passen spielend drauf. Man sitzt nicht auf dem umgebogenen Bootsrand, sondern auf einer Bank unter demselben, im „Cockpit" beziehungsweise in der „Plicht", die Bank ist breit genug, daß man auch darauf in der Sonne liegen kann. Vom Bootsrand bis hinab zum Wasserspiegel sind's 50, 60 Zentimeter oder mehr, da schwappt kein Wasser über, da kann man, im Unterschied zum Jollenfahrer, sogar in der Sonntagshose segeln. Es macht dem Boot nichts aus, wenn plötzlich jemand von hinten übers Schiff in die Kajüte geht. Oder wenn einer sich aufs Vordeck legt. Ob zwei oder drei auf einer Seite sitzen, ist dem Boot fast egal, und auch wenn der Wind einmal stärker weht, besteht keine Notwendigkeit, auf der Bootskante herumzuturnen und sich hinterrücks über Bord zu lehnen.

Ein Jollenkreuzer ist ein behäbiges, gutmütiges Boot, da kann man Kuchen mitnehmen und Kaffee, da können sich die Kinder drauf herumtreiben, da kann auch die Großmutter dabeisein. Ein warmes Boot, ein trockenes Boot, und man hat als Jollenkreuzerfahrer eine weitaus längere Saison als in der Jolle: selbst kaltes Wasser und kühle Wetterlage schrecken den Kreuzersegler nicht: er wird ja nicht naß.

In der Kajüte kann man, auf Schaumstoffmatratzen, sitzen und sogar bis zu einem gewissen Grade schlafen; Kinder können in der Kajüte spielen, Gepäck kann man darin verstauen, auch empfindliches wie Fotoapparate.

Es ist die Frage, was man vorzieht. Jolle ist lustiger und, wenn man so sagen will, aufregender; auch sportlicher. Jollenkreuzer erholsamer, komfortabler. Jolle ist für zwei bis drei, Jollenkreuzer für ausgiebigere Familien (wobei man allerdings nicht unbedingt immer im Gesamtsippenverband segeln muß: zwei Stunden Vater mit Tochter, zwei Stunden Mutter mit Sohn in der Jolle ist auch eine ganz gute Lösung).

Die Jolle ist erheblich billiger. 3430 Mark kostet, wie schon gesagt, die unsere; auch für Anfang 2000 gibt's schon Jollen. Ein Jollenkreuzer, noch kein besonders großer, ist schwerlich unter 6000 zu haben. Und mühselig Sonntag für Sonntag vom Landliegeplatz in den See zu bringen; er braucht einen Platz an der — seltenen, teuren — Boje.

Zum Lernen ist die Jolle vorzuziehen; wer's mit der Jolle kann, kommt mit einem Jollenkreuzer mühelos zurecht. Wer nur Kreuzer gewöhnt ist, der fühlt sich auf der Jolle zunächst ein wenig unbehaglich und in seiner hohen Selbsteinschätzung etwas frustriert.

Daraus folgt nicht, daß man sich fürs erste eine Jolle kaufen und die Jolle dann, wenn man segeln kann und den Eindruck hat, sie sei zu klein, verkaufen soll; das wäre arg unwirtschaftlich und schon nach einer Saison mit mindestens 20 Prozent Verlust verbunden. Daraus folgt nur: Man soll sich's gut überlegen, was man will, und ehe man sich zum eigenen Schiff entschließt, mehreres probieren.

# *Oder ein Schlauchboot?*

Niemand — oder kaum jemand —, der sich ein starres Boot auch leisten könnte, wird sich ein Schlauchboot kaufen. Ein Schlauchboot ist immer ein Kompromiß: aus seeferner Wohnhaftigkeit, fehlendem Liegeplatz am Wasser und dem starrsinnigen Wunsch, dennoch ein eigenes Schiff zu haben. Das gilt auch für Motorschlauchboote.
Wem's nur um die Anschaffungskosten geht, der kauft sich für dasselbe Geld auch eine Holz- oder Kunststoffjolle. Denn die verblüffende Billigkeit gehört nicht zu den Schlauchbooteigenschaften: Metzelers „Hobbystar" kostet, einschließlich Besegelung, 2690 Mark, der „Admiral" von Gugel 4000, der „Feuerpfeil" der Deutschen Semperit 2746, der „Planet 70" von Wiking 2587, der Wiking-„Komet" 3717. Dafür kriegt man auch durchaus feste Schiffe: die „Delphin-Jolle" von Südnautik kostet 2470, die „Koralle" rund 2500, „Neptun 17" 3695, die „Pfeil-Jolle" (Dehler) 2103, Kleppers „Youngster" 1990 DM usw.
Die Mehrzahl der Segelschlauchboote ist „auch besegelbar", das heißt: Man kann sie sowohl mit einem Außenbordmotor als auch mit Segel und Schwertern (meist zwei seitlichen) fahren. Das ist überaus praktisch, einerseits.
So schreibt zum Beispiel der Herr Dipl.-Ing. F. aus Berlin — laut Prospekt — an die Firma Gugel: „... morgens lange Gleitfahrten auf dem Lago, mittags Wasserski und am nächsten Tag bei frischem Wind nur gesegelt — die Familie ist sich einig, daß dieser erste Urlaub mit der Fregatte seit langem unser schönster war."
Andererseits ist diese Vielzweckmäßigkeit den Segeleigenschaften nicht nur förderlich; Spezialistentum hat eben doch mancherlei für sich. Aber für den Anfang und für nicht besonders anspruchsvolle Segelfreunde eignet sich das kombinierte Luftschiff tadellos, zumal es gutmütig ist und meist nur mit Mühe umzuwerfen.
Der große, vom festen Boot unerreichbare Vorzug des Schlauchschiffs ist, daß man es zu fast kleinen, beinah handlichen Paketen zusammenlegen kann: Man läßt die Luft aus, reißt die Bodenholzbretter heraus und hat Packmaße wie 100 x 70 x 16 Zentimeter für den Boden, 90 Länge x 50 Durchmesser für die Haut, etwa dasselbe (wie für die Bootshaut) noch einmal für die Segel und das Gestänge inklusive Baum und Mast.

- So kann man sein Schlauchboot den Winter und die werktätige Woche über mühelos im Keller oder auf dem Speicher lagern.
- Und so kann man's in den Gepäckraum eines mittelgroßen Autos stopfen; der Mast wird zweigeteilt und kommt mitsamt dem Baum auf den Dachgepäckträger.

*Viel mehr als 60 Kilo Dachlast sind für die Mehrzahl der Automobile nicht erlaubt. So wenig wiegen nur ausgesucht winzige Jollen, und darum bleibt, will man sein Schiff übers Land transportieren, meist nichts übrig als ein Bootsanhänger, ein sogenannter Trailer. Der kostet rund 600 Mark oder auch mehr.*

*Boote, die nicht mehr als 60 bis 80 Kilo wiegen, kann man auf dem Autodach befördern. Kühne Seeleute, so wie der Herr im Bild, schrecken auch vor höheren Gewichten nicht zurück — mit dem Erfolg verkehrsunsicherer Straßenlage.*

*Wo bleibt das Boot, wenn man nicht segelt? Man kann es, per Anhänger, mit nach Hause nehmen und im Garten stapeln. Oder man sucht sich einen Liegeplatz. Am schönsten und am komfortabelsten sind Wasserliegeplätze. Hier, am Starnberger See in Unterzeismering, kostet die Miete für einen Sommer 500 Mark.*

*Billiger kommt ein Liegeplatz an Land, insbesondere dann, wenn er so scheußlich aussieht wie der vor dem Campingplatz von Utting (Ammersee). Hier parkt eine Jolle den Sommer über für 130 Mark, ein Kajütboot für 150. Zum Wasser sind's 50 bis 200 Meter.*

*Zur Beförderung des Schiffs vom Land ins Wasser oder umgekehrt ist ein Slipwagen vonnöten: ein Spezialschubkarren aus ein paar Stahlrohren, zwei Rädern und vier Auflagen fürs Boot. Preis: ab 150 Mark.*

Das Gewicht des Schlauchboots beträgt 35 bis 60 Kilogramm, die Segelausstattung wiegt nocheinmal 30 dazu.

So ganz unproblematisch ist freilich auch der Transport im Auto nicht. Ein Schlauchboot, um die vier Meter lang, samt Zubehör, macht einen normalen Gepäckraum schon ziemlich randvoll, und man kommt meist nur schwer umhin, gewisse Segelteile, Pinne, Schwerter usw., ins Wageninnere zu laden, und dann wird der Platz für mitgenommene andere Güter und Personen etwas knapp: Man muß als Schlauchbootsegelreisender halt ein bißchen mit Frau, Gepäck und Kindern sparen.

Dazu kommt die Auf- und Abbaumühe, die man mit dem Schlauchboot hat. Festbootbesitzer kuppeln ihren Anhänger vom Auto ab, ziehen ihn samt dem Boot ins Wasser, steigen ein, setzen die Segel und fahren schon. Vorm Luftbootsegeln kommt die Arbeit: Bootshaut aus-, Kiel einlegen, Bretter in die Bootshaut zwängen und aneinanderfügen, drei, vier oder sieben Luftkammern mit dem Blasebalg aufpumpen. — In den Prospekten liest man zwar von handfertigen werfteigenen Männern, die ein Schlauchsegelboot „in nur 14,5 Minuten“ aufgestellt haben; als nicht ganz so blitzschneller Mensch und überdies Nicht-Profi darf man ruhig das zweieinhalb- bis dreifache rechnen.

Aber schließlich hat man ja Freizeit, da kommt's auf eine halbe Stunde hin oder her nicht an.

# *Bootsbeschimpfung*

Wir hatten unser Boot auf einem Anhänger mit dem Auto zum Starnberger See gezogen. Mit abgenommenem, hineingelegtem Mast, wie sich versteht. Dieser Mast muß nach der Autoreise aufgestellt und auf dem Schiff verspannt werden, „aufgeriggt", sagt der Segelfachmann, mithilfe einer größeren Anzahl von Drahtseilen und metallischen Teilen. Eine Gebrauchsanweisung erleichtert diese Arbeit auch dem Laien ungemein.

„Bolzen Sie", steht darin, „die Lochbänder an den Püttingeisen fest." Und: „Die Vorschoten werden innerhalb der Wanten vom Schothorn zu den Blöcken auf dem Seitendeck geführt."

Jetzt verstehen wir das fließend. Aber damals!

Wir machen ziellos ein paar Drähte fest, schlendern zu einigen andern Schiffen, die schon fertig dastehen, um ihnen etwas abzuschauen, prüfen, wo oben ist am Mast und wo das untere Ende, fragen einander: „Hast du vielleicht ein Horn gesehen? Oder eine Schote?" Und haben nicht.

Aber Seeleute sind Kameraden. Im Kampf mit Wind und Wasser hilft nur männliches Zusammenstehen. Die seglerische Hilfsbereitschaft ist deshalb verhältnismäßig groß. Wer was nicht kann, dem schaut man gerne zu und gibt ihm einen guten Rat.

Als meine Frau die Schraube für den Mast vermißt, sagt uns ein nahesitzender Badegast, er glaubt, der Mast wird gar nicht angeschraubt. Da hat er recht. Sonst freilich weiß er wenig.

Dann aber kommen drei Mann, drei Männer, auf dem Weg von einem Bier zu ihrem Schiff, vorbei. Mit gelbgelatzter Ölhose der eine, mit einer Mütze wie ein Unteroffizier der zweite, der dritte in zivil. Ein kurzer Blick läßt sie unsere Situation erkennen.

„Bringts es need zamm?", fragen sie. (Bringt ihr es nicht zusammen?)

„Naa, need gscheid." (Nein, nicht richtig.)

„Gebts amaal her." (Gebt einmal her.)

Wir lassen fahren, was wir an Schoten, Wanten, Fallen, Schnüren, Mast und Großbaum in den Händen haben, und die Männer machen sich freudig darüberher.

Nun ist die Psychologie des freiwilligen Helfers eine hochinteressante. Er steht unter dem selbstgesetzten Zwang, das, was der Hilfsbedürftige nicht kann, mit flinker Meisterhand zuwegzubringen. So einfach ist das aber doch nicht, plötzlich türmen sich Zweifel und Schwierigkeiten auch vor ihm auf, und das beschämt und kränkt ihn. Außerdem ärgert Arbeit den Menschen sowieso, und so wird der Hilfer schon nach

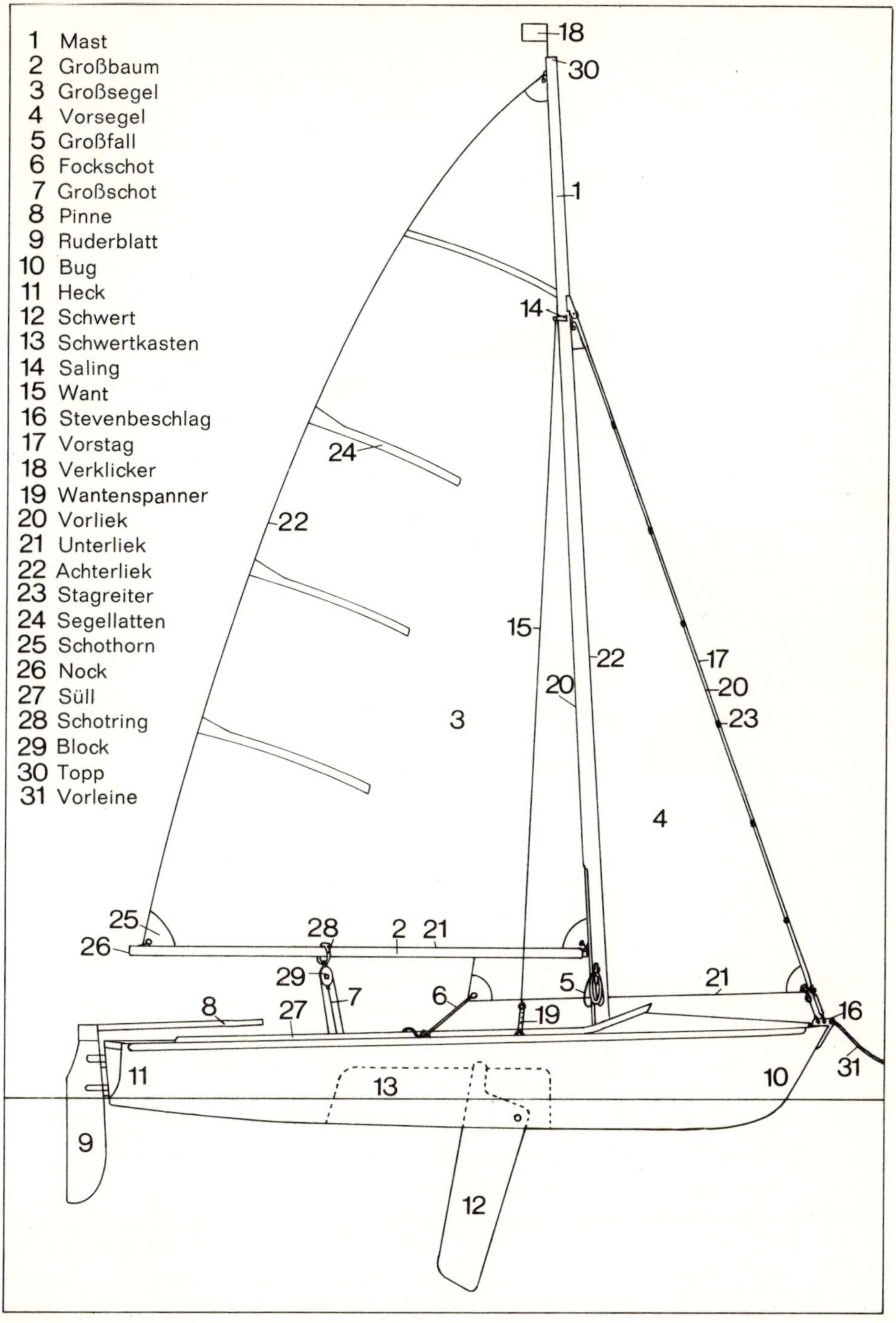
1 Mast
2 Großbaum
3 Großsegel
4 Vorsegel
5 Großfall
6 Fockschot
7 Großschot
8 Pinne
9 Ruderblatt
10 Bug
11 Heck
12 Schwert
13 Schwertkasten
14 Saling
15 Want
16 Stevenbeschlag
17 Vorstag
18 Verklicker
19 Wantenspanner
20 Vorliek
21 Unterliek
22 Achterliek
23 Stagreiter
24 Segellatten
25 Schothorn
26 Nock
27 Süll
28 Schotring
29 Block
30 Topp
31 Vorleine

*Skizze 2*

kurzem ziemlich ungehalten. Also schimpft er. Dies aber entspannt ihn, und so gelingt das Werk am Ende doch. (Man kann dieselbe Beobachtung machen, wenn man zuhause jemanden mit einer Bohrmaschine zu Besuch hat, der sich erboten hat, beim Aufhängen von Buchregalen mitzuwirken.)

Uns persönlich und direkt zu insultieren, verbietet die seglerische Höflichkeit. Also verfluchen sie unser Schiff.

„Das soll ein Fall sein?“, ruft schon nach drei Minuten der gelblatzhosige Helfer ungläubig und voller Abscheu aus. „Eine Krankheit ist das!“

Unsere Schäkel mißfallen ihnen auch. „Herrgott“, sagen sie, „den bringst kaum auf!“ — Die Schäkel sind viel zu klein, erfahren wir, zu wenig griffig, wir müssen uns unbedingt nächstens andere kaufen.

„Ja“, versprechen wir bereitwillig.

Unser Hauptsegel wird vorn durch einen Splint am Baum gehalten. Auch das erregt den Unmut meiner Helfer.

„Mei, Franzä, schaug, an Splint ham die!“, sagt der Zivilist.

Der Franzä schaut verächtlich hin und bestätigt fachmännisch: „Das ist das letzte.“

Das muß man als anfangender Bootsbesitzer tragen, so weh es einem tut. Es wäre völlig falsch, den Helferkameraden gegenüber das Schiff zu verteidigen. Das sähe aus wie Besserwisserei, und just sie wäre unserer Lage ganz unangemessen.

Also schüttle ich bloß den Kopf und mache: „Tststs.“

Ich geniere mich direkt. Hier ist ein Sprengring vorgesehen, bei dessen Bedienung sich der Herr mit der Mütze einen linken Fingernagel bricht. Dort hat der Gelbe eine Zange hingelegt, jetzt ist sie nicht mehr da (sondern in seiner Tasche). Der Zivilist kniet nieder, um zu schauen, ob das Boot auch einen Boden hat; aufschreiend bricht er fast zusammen: ausgerechnet unter seinem Knie befindet sich, von einem Grasbüschel verdeckt, ein spitzer Stein.

Zwei schwarze Stäbe erweisen sich als Salinge. Sie werden rechts und links als Spreizen für die Drahtseile am Mast befestigt. Aber wie?

„Wie soll denn das da rein?“, fragt einer meiner Helfer.

Meine Frau sagt: „Vielleicht andersrum.“ Das ist natürlich abwegig, aber der mit der Mütze bringt es schließlich fertig, nicht ohne zu bemerken, daß das Scheißsalinge seien.

Mir wird mein Schiff allmählich richtig peinlich; ich fühle mich schuld an allen Konstruktionsdetails, die es von den Schiffen der drei Segelmänner unterscheiden.

Schließlich aber, nach einer knappen halben Stunde, steht der Mast, links und vorn und rechts verspannt; hier muß man noch ein bißchen lockern, da etwas festerziehen; dann stimmt's. Nur auf dem Boden liegt noch ein dünnes Drahtgestell mit einem roten Fähnlein. Sohn Andi hebt es auf und fragt: „Und wo gehört das hin?"
Es ist der Verklicker, der eigentlich ganz oben auf der Mastspitze zu stecken hat. Vorwurfsvoll nehmen ihn die Männer, schauen mich an wie einen Saboteur und sagen:
„Da müssen wir das Schiff nochmal umwerfen."
Wir werfen es dann doch nicht, wir legen es um, ich darf es halten, der Verklicker wird angemacht, dann stellen wir es wieder auf.
Jetzt ist die Arbeit getan. Meine Frau hat die Söhne geistesgegenwärtig zum Bierholen ausgeschickt. Da sieht unser Boot schon bei weitem besser aus.
„Ein nettes Schiff", lobt der Herr mit der gelben Hose.
„Guad", sagt sein Freund.
Sie benennen ein paar Teile meines Bootes und nicken sich kennerisch zu.
„Ausreitgurte", sagt der eine.
„Baumniederholer", der andere.
Der dritte sagt: „Lenzventile."
„Lenzen" nennt der Seemann das Entfernen von Wasser aus dem Boot. Man kann mit den Händen lenzen oder mit einem Eimer oder auch mit einem Schwamm. Noch praktischer ist's, wenn der Boden Löcher hat, welche sich öffnen lassen und durch die beim Fahren überschüssiges Wasser in den See zurückrinnt. Damit der See nicht, auf dem umgekehrten Weg, ins Boot kommt, ist ein metallenes Kläppchen da, das nach vorn schließt und nach hinten aufgeht.
Der, der gesagt hat: „Lenzventile", öffnet den Verschluß der linken Klappe. Natürlich klemmt der, also drückt er kräftig drauf.
Dann sagt er: „Oha, des is kaputt."
Es fehlt, in der Tat, das wichtigste: das Kläppchen, durch das kein Wasser in das Boot kann. Es liegt abgebrochen auf der Erde.
„So ein Glump", konstatieren meine Helfer. Und raten mir, schleunigst zu reklamieren.
Ich glaube, ich weiß schon, wer mir das Kläppchen abgebrochen hat. Aber: Wer hätte das Herz, seinen Helfer mit Vorwürfen zu überschütten und ihm zu sagen: „Das haben Sie hingemacht mit Ihrem trotteligen dicken Daumen."

Daheim studiere ich die Teilepreisliste zu meinem Boot. Lenzventil, steht darin, Stück 41 DM. Ohne Einbau.
Wenn man jetzt versucht, die Klappe zuzumachen, dann verbleibt ein Spalt, durch welchen Wasser in das Boot hereinläuft. Das Boot wird voll und voller, und wir ertrinken jämmerlich.
Wir haben das Ventil trotzdem noch nicht ersetzen lassen. Wir nehmen Kaugummi und verbinden so das Wohlschmeckende mit dem Lebensrettenden: jeder kaut, eh wir starten, zwei Gummi weich, dann pappen wir sie teils von unten, teils von oben in die Öffnung, und unser Schiff ist beinah dicht.

# *Lohnt sich das eigene Boot?*

Ja, doch, es lohnt sich ungemein, wenn man, zum Beispiel, als Arbeitsloser, Rentner oder Privatier an einem See zuhause ist.
Wenn nicht, braucht man bloß einmal nachzurechnen:
Unser Boot kostet verhältnismäßig wenig: nur 3430 Mark, ab Werft.
Zirka 150 Mark bezahle ich, bis es am See steht, für einen Leihwagen mit Anhängkupplung.
Dazu kommt ein Slipwagen (zum Ins-Wasser-Schieben des Bootes), billig, für 150 Mark.
Dazu eine Persenning, das ist eine Abdeckplane; die kostet 265 Mark.
Dazu zwei Stechpaddel: 40 Mark.
Das sind zusammen 4035 Mark. Rechnen wir, daß Paddel, Boot und Wagen ungefähr fünfzehn Jahre leben. Für Segel und Persenning — zusammen zirka 750 Mark — sind, großzügig, fünf Jahre anzunehmen. Das macht 6285 Mark in fünfzehn Jahren, 419 D-Mark jedes Jahr.
Unser Liegeplatz kostet 300 Mark vom 1. Mai bis zum 31. Oktober, im Winter noch einmal 100.
Die Versicherung, Haftpflicht und Kasko, 76,10 Mark Jahresprämie.
Damit sind wir bei 895,10 Mark Kosten im Jahr.
Manchmal geht dies kaputt oder verloren und wird das gestohlen. Und hier und da bedarf das Schiff der Pflege mit Johnson Regatta Boat Wax, Rexin Auto Protector oder Palmolive-Geschirrspülmittel. Dafür zahlen wir leicht noch einmal 104 Mark 90 im Jahr, wahrscheinlich sogar mehr, und sind nun bei 1000 DM Jahresspesen angelangt.
Das ist natürlich längst nicht alles, was an Kosten anfällt. Wir kaufen eine mehr oder minder wasserdichte Tasche, brauchen Ölhosen, Schwimmwesten, Benzin — von Haus zu Boot sind's 30 Kilometer —, müssen am Starnberger See ziemlich teuer zu mittag essen — doch das sind allgemeine Posten, die auch dann entstünden, wenn das Boot nicht unsres wäre. Die 1000 Mark pro Jahr aber werden als spezifische Schiffsbesitzerspesen durch das eigene Boot hervorgerufen.
Die Alternative zum eigenen Schiff ist das Mietboot. Ich habe bei einer größeren Schar von Bootsverleihern Marktforschung betrieben. Und festgestellt:
Ein Pirat oder eine andere Jolle ähnlichen Formats, zirka 5 Meter lang, zirka 1,60 breit, mit zirka 10 Quadratmetern Segelfläche und Platz für drei oder zur Not auch vier kostet pro Werktagsstunde 4 bis 10 Mark, normalerweise 5 bis 6. Für den

ganzen Tag zahlt man 25 bis 40, meistens 30 Mark. Man bekommt sie ohne weiteres, A-Schein wird nur höchst selten verlangt.
Es läßt sich leicht überschlagen: 1000 Mark geteilt durch 30 sind rund 33. Dreiunddreißig ganze Tage oder sechzigmal drei Stunden müßte man also mietbootfahren pro Saison; dann erst finge das eigene Boot an, sich zu rentieren.
Bringt man die zusammen?
Vor Ende Mai wird man nur wenig segeln. Nach September noch weniger. Somit verteilen sich die 33 Tage oder 60 Dreistundenfahrten auf knapp viereinhalb Monate, auf welche bestenfalls 20 Samstage und 20 Sonntage treffen. Dazu kommt Fronleichnam, 17. Juni, in guten Jahren der Pfingstmontag, ferner Christi und, wenn man sehr katholisch wohnt, Mariä Himmelfahrt. Das sind maximal 45 Tage.
Davon entfallen jene Wochenenden, an denen es regnet, an denen Flaute herrscht oder Sturmwarnung ist. Außerdem die, an denen man was anderes zu tun hat. überdies die drei Wochen, die man fluggereist auf Mallorca oder Kenia-Fotosafari verbringt.
Daraus folgt: Es ist nahezu unmöglich, die zur Erzielung der Rentierlichkeit erforderlichen 33 + 1 Tage auf dem Segelboot zuzubringen. Als wirtschaftlicher Mensch wird man bemüht sein, sie wenigstens annähernd zu erreichen, und dann geht es einem wie den Leuten, die sich ein Wochenendhaus bei Eggenfelden/Niederbayern oder in der Lüneburger Heide bauen: Man muß einfach hin. Man muß segeln. Auch wenn man einmal sowieso schon den Katarrh hat und auch wenn man eigentlich gerade gar nicht mag. Auch wenn die Kinder quengeln: „Gehen wir doch heute lieber in den Tierpark."
„Nix Tierpark", antwortet dann der sportliche Vater, „die Elefanten sind im Winter auch noch da. Wir segeln."
Als Mietbootsegler muß man gar nichts. Im Gegenteil, da wird durch Nichtsegeln sogar gespart.
Auch sonst spricht manches für das Mietboot:
Ein Boot, das ich miete, steht vollbesegelt da. Ich brauche bloß einzusteigen, und hinterher laß ich's genauso wieder stehen. Ich brauche keine Segel aufzuziehen, brauche das Schiff nicht mit dem Wagen aus dem See zu zerren, brauch's nicht zuzudecken — nichts. (Nur beim Fischer Glas in Possenhofen muß ich die Segel selber setzen. „Da schau ich Ihnen zu", sagt der, „und wenn Sie die Segel setzen können, dann können Sie auch einigermaßen segeln, dann kriegen Sie ein Boot von mir." — Aber das sind Ausnahmefälle.)

Noch eins: Wenn mir einfällt: „Heute segle ich mal nicht auf dem Starnberger-, sondern auf dem Ammer-, Staffel-, Kochel-, Pilsen-, Chiemsee", dann fahre ich dorthin und miete mir dort eine Schiff.

Als Eigenbootsbesitzer mache ich das so:

Ich leihe mir ein Auto mit Anhängerkupplung und dazu einen Bootsanhänger (oder ich habe mir beides schon gekauft).

Dann fahre ich nach Possenhofen, wo mein Boot liegt.

Dann lege ich den Mast um und verstaue ihn und alles, was außerdem zum Boot gehört.

Dann hieve ich — möglichst zu dritt — mein Boot auf meinen Anhänger.

Dann fahre ich damit zum Chiemsee.

Dort suche ich mir einen Platz, wo ich mein Schiff ins Wasser bringen kann.

Dann stelle ich den Mast wieder auf.

Dann segle ich.

Dann hole ich das Boot wieder aus dem Wasser,
tue den Mast herunter,
lade es auf den Anhänger,
fahre es zu seinem Liegeplatz nach Possenhofen,
stelle den Mast von neuem auf
und fahre heim.

Es wäre nun grundverkehrt, dem hier Erzählten zu entnehmen, daß ein eigenes Boot in jedem Falle oder auch nur überhaupt von Übel und ein Mietboot immer vorzuziehen sei. So ist das keineswegs. Auch eigene Schiffe haben viel für sich:

Ein Boot, das ihm gehört, vermittelt seinem Eigner („Eigner" nennt sich auf seemännisch der Bootseigentümer) ein stolzes und beglückendes Besitzgefühl. Das streicht er an, dem gibt er einen Namen, das putzt er, das poliert er, und das hat er lieb. Beim Mietboot ist die Entwicklung solcher Zuneigungsgefühle schon aufgrund der Flüchtigkeit der Begegnung ganz unmöglich.

Das eigene Boot kann man — so man einen Anhänger besitzt — mit in den Urlaub nehmen, an den Gardasee, an die Adria, nach Kärnten und selbst in finstere, ferne Regionen, wo das Mietboot noch gar nicht erfunden ist.

Mit dem eigenen Boot kann man tun, was man mag. Man kann es umwerfen und wieder aufstellen, noch einmal umwerfen, kann beim Aufschießen an den Steg anrumpeln, kann's auf hartem Kies an Land ziehen — Mietbootverleiher sehen es höchst ungern, wenn man derlei Dinge mit ihren Schiffen treibt.

Gesetzt den Fall, das eigene Boot hat eine Beule, die man ihm durch eigenes Verschulden beigebracht hat, dann kann man die Beule reparieren lassen, kann man die Beule selber flicken, oder kann man mit der Beule weiterfahren. Der Verleiher wird stets darauf bestehen, daß das Boot ordentlich gerichtet wird — auf Kosten des unvorsichtigen Mieters; denn Mietboote sind kaum jemals kaskoversichert.

Am eigenen Liegeplatz hat man allmählich, wenn auch nicht gleich Freunde, so doch etliche Bekannte. Da gehört man hin. Da sagen die Leute, wenn man zwei Wochen lang nicht da war: „Sie sieht man ja gar nicht mehr." Oder: „Ich hab mir schon gedacht: Wo ist denn der Herr Merkle?" — Da hört man, wenn man ankommt, Nachrichten wie: „Vorhin hat der Bichlmayer umgeschmissen." Oder: „Beim Glas gibt's heute einen guten Zwetschgendatschi." — Als Bootsmieter ist man ein Fremder, Heimatloser, der kommt und wieder geht, den niemand kennt, der nirgends hingehört.

Und dann ist natürlich der große Unterschied im Sozialprestige nicht außer Acht zu lassen, der zwischen dem Bootsmieter und dem Bootseigentümer klafft. — „Mein Boot liegt in Possenhofen", klingt unvergleichlich schöner, nobler und bei weitem exklusiver als: „Ich miete mir manchmal ein Schiff beim Heistracher in Gstadt." Und wer seine Freunde einlädt: „Kommt, wir fahren mit meinem Boot spazieren", ist ohne Zweifel mehr wert als ein anderer, der sagt: „Fahrt mit nach Steinebach, da mieten wir ein Segelboot." (Andererseits: Im letzteren Falle werden die Freunde nicht zögern, einen Teil der Bootsmiete zu bezahlen; dem Bootsbesitzer geben sie grundsätzlich nichts.)

# *Gestohlen & kaputt*

100 Mark für Dinge, die kaputt- oder verlorengehen oder die einem gestohlen werden, stehen als jährlicher Posten in unserer Ausgabenrechnung eines Segelbootsbesitzers. Die kamen bei uns recht mühelos zustande, ohne daß wir unser Boot extra brutal behandelten und ohne daß in Possenhofen größere Schurken wohnten als woanders.
Am 14. Mai (Muttertag) brachten wir das Boot zu seinem Liegeplatz. Am selben Tag bereits — man las es schon — war das linke Lenzventil kaputt. Das kostet, ohne Einbau, 41 Mark.
Am 4. Juni fiel mir ein Schäkel ins Wasser und versank. 1 Mark und 10.
Am 17. Juni fehlte eine Rolle, über die die Schnur (seemännischer: die Schot) des Vorsegels laufen sollte. Jemand hatte sie mitgenommen — was sehr einfach geht: sie ist mit einem Lochstift und einem Sprengring angemacht. (3 Mark 65.)
Unser Schwert gehörte schon von Anfang an nicht zu jenen Schwertern, die sich besonders leicht bewegen lassen. Es klemmt. Am 1. Juli klemmte es besonders stark, als ich es herausziehen wollte. Ich riß etwas ungeschickt, aber kräftig daran, eine Verbiegung der Eisenlasche, die es festhält, war die Folge. Die Glaswerft nebenan bog sie in einer halben Stunde wieder grade — für 10 Mark.
Am 14. Juli blieb meiner Frau der Griff unsres Slipwagens in der Hand. Er war mit einer fast hauchdünnen Schraube an einem Metallrohr befestigt. Wieder half die Werft, bohrte ein größeres Loch und machte eine dicke Schraube an, für nur 2 Mark.
Dann war längere Zeit gar nichts los. Erst am 5. August stellten wir fest, daß der Deckel, der das runde Loch zum vorderen Stauraum verschließt, gestohlen war. Dieser Deckel ist praktischerweise nicht nur ein Deckel, sondern ein schwarzer Plastikeimer, der seinerseits einen Deckel hat, welcher zur Hälfte ausgeschnitten ist. In dem Eimer kann man verhältnismäßig trocken Zigaretten, Zündhölzer und Schokolade lagern. Irgendjemand, der des Weges kam, brauchte ihn zufällig. So ein Eimer kostet im Kaufhaus an die 90 Pfennig. Als „Stauraumbehälter rund“ mit 12 Millimeter kleinerem Durchmesser wird er natürlich teurer: 11 Mark 50.
Als wir das Wasser, das durch das leergestohlene Loch in den Bugraum geregnet war, entfernt hatten, fiel uns ein Stück Schaumstoff entgegen, das als Schwimmkörper ursprünglich eingeklebt, nun aber lose war. Offenbar hatte das Wasser den Kleber aufgeweicht. Ich kaufte eine Dose Klebstoff für 5 Mark.
Am 15. August haben wir auf ungeklärte Weise eine Segellatte verloren. 3 Mark 50.
Am 20. August hat sich ein zweiter Schwimmkörper gelöst, der die vordere Bootsspitze ausfüllen sollte. Das kostete nichts: der erste Kleber war noch nicht verbraucht.

Am 23. September kamen wir bei der Roseninsel in zu seichtes Wasser, so daß das Schwert am Grunde aufsaß. Dabei ging eine kunststoffene Schlitzklemme zu Bruch, durch die das Seil läuft, das das Schwert niederhält. Sie war sehr billig: nur 1 Mark 55.
Am 24. September hat einer von uns — wer, ist nicht mehr festzustellen — anstatt der beiden Stechpaddel nur eines mitgenommen und das andere im Boot gelassen. Prompt kam der Dieb wieder und nahm es mit. Ein neues kostet 20 Mark.
Das sind, zählt man's zusammen, 99 Mark und 30 Pfennig. Mit diesem Posten muß man rechnen, auf irgendeine Weise läppert er sich Jahr für Jahr zusammen. Zum Glück haben wir keine Kajüte: Kajüteinbrüche kommen sehr häufig vor, und ganz besonders gern stehlen die Diebe Hilfsmotoren.
Das ist ein Kreuz. Aber mit anderen Besitztümern, Häusern, Automobilen, Campingzelten usw., geht's einem nicht viel anders; der Umstand spricht somit nicht speziell gegen den Segelsport.

# *Heiß Segel*

Am 19. Mai fahren wir zum erstenmal, mein Sohn Steffi und ich.
Das heißt: zunächst fahren wir keineswegs, sondern begeben uns zu unserm Boot, das mit hochgezogenem Schwert, abgenommenem Steuerruder und segellosem Mast auf dem Slipwagen auf einer Wiese am Starnberger See liegt.
Wir haben ideale Windverhältnisse: es herrscht beinahe eine Flaute, aber doch nicht ganz, ein sanfter, leiser Luftzug weht und gibt uns Mut: So dumm, haben uns Fachleute erzählt, kann man sich gar nicht anstellen, daß man hier in ernstliche Unfallgefahr gerät.
„Klar zum Setzen des Großsegels", sage ich. Dies ist das Kommando, auf welches hin die Besatzung in emsiges Werken zu verfallen hat.
Es spricht viel dafür, das Setzen eines Segels erst einmal zulande zu probieren. Da kann man, falls unversehens was nicht klappt, jemanden fragen, da liegt das Schiff sicher auf dem trockenen Wagen, da schaukelt es nicht. Und da kann man sich davon überzeugen: Segelsetzen ist nicht schwer, und man begreift es ziemlich schnell.

Erster Arbeitsgang: Man nimmt die Segel aus dem Segelsack; das größere ist, wie der Name sagt, das Großsegel, das kleinere das Vorsegel, die Fock, die vorne angebracht wird. Wir beschließen, es zunächst bei einem Segel bewenden zu lassen, beim Großsegel, da wir vermuten, wir hätten damit schon genug zu tun und ohne Fock einige Möglichkeiten weniger, etwas verkehrt zu machen.

Zweiter Arbeitsgang: Wir legen das Segel auf der Wiese aus; das ist ganz nützlich zum Kennenlernen: Die kurze Seite ist die untere, die, die im 90-Grad-Winkel dazu verläuft, die vordere, die dritte, schräge ist die hintere. Die jeweiligen Kanten heißen „Unterliek", „Vorliek" und „Achterliek" (siehe Skizze 2 auf Seite 23).

Dritter Arbeitsgang: Zum Segel gehören Latten, zirka vier, die man in Taschen steckt, welche aufs Segel aufgenäht sind. Sie sind aus Kunststoff oder elastischem Holz und haben die Aufgabe, das Segel zu versteifen. Die Taschen können Schnüre und die Latten Löcher haben, dann bindet man die Latten an. Oder sie haben sowas nicht, sondern am untern Ende Beutel, die nach der Außenseite abgenäht sind; dann schiebt man die Latten dorthinein, und zwar so sorgfältig, daß man sie nicht unterwegs verliert: eine Latte kostet nicht unter 3 Mark 50.

Vierter Arbeitsgang: Am Mast hängen zwei Schnüre. Die eine ist fürs Vorsegel und wird momentan nicht gebraucht; die andere aber, die längere, die über eine Rolle an der Mastspitze läuft, dient dazu, das Großsegel hochzuziehen. An einem Ende ist sie

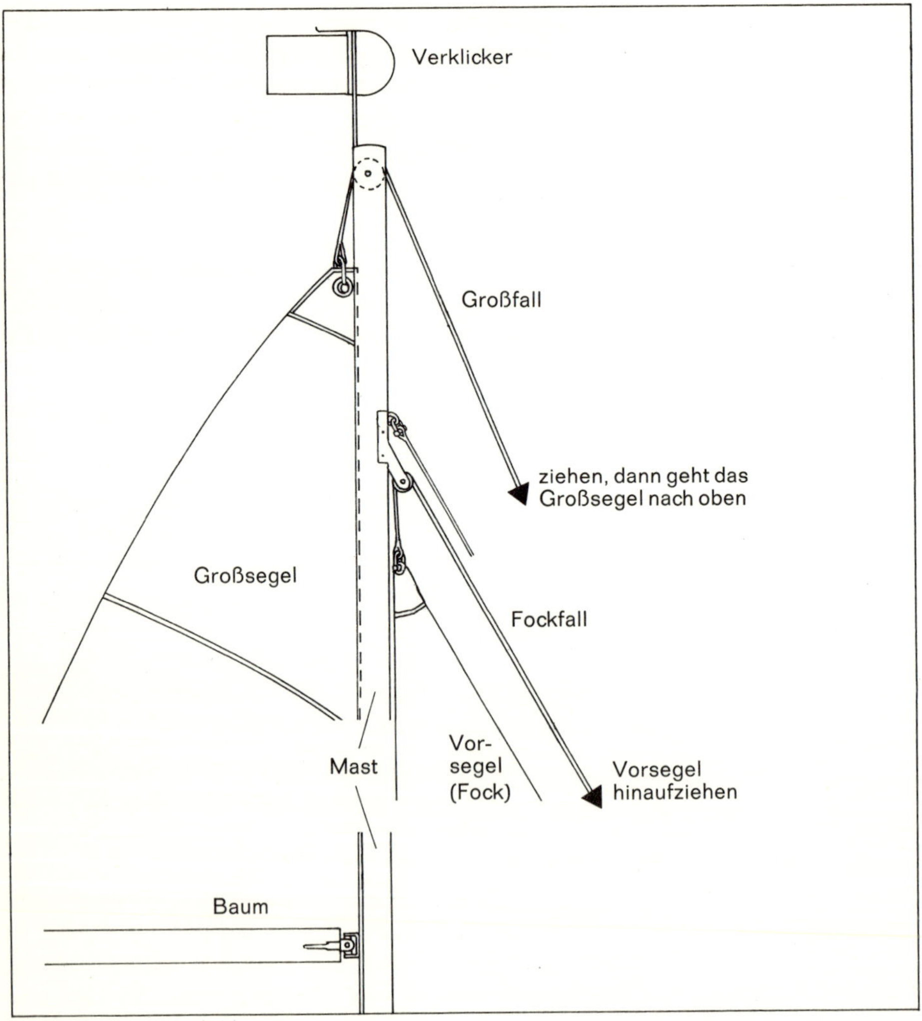
Verklicker
Großfall
ziehen, dann geht das
Großsegel nach oben
Großsegel
Fockfall
Vor-
segel
(Fock)
Mast
Vorsegel
hinaufziehen
Baum

*Skizze 3*

um eine Klampe gewickelt (über welche man Näheres auf Seite 36 f. liest), am andern hängt ein Schäkel. Ein Schäkel sieht so aus:

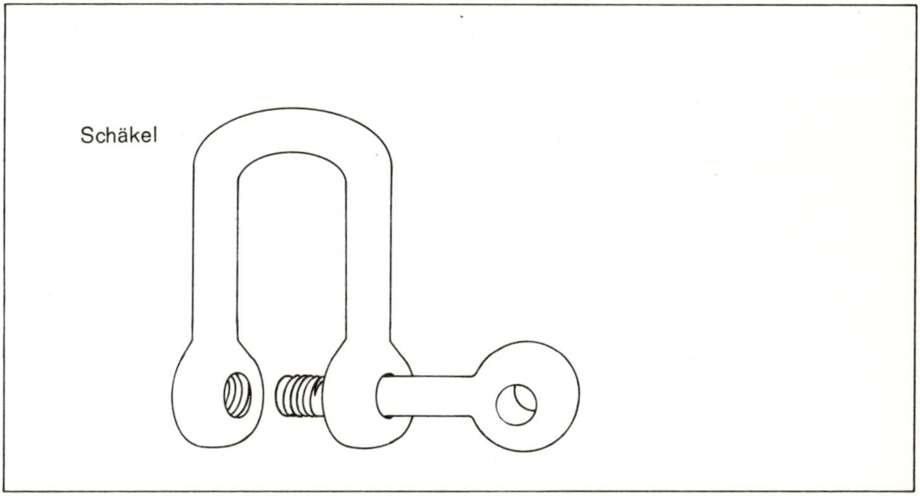


*Skizze 4*

und dient als Verbindungsglied zwischen der Schnur (die man als „Fall“ bezeichnet) und dem Segel. Das Fall hat eine Schlinge, das Segel ein kräftig eingesäumtes Loch am obern Ende, durch beide schiebt man die Schäkelschraube, und die Verbindung ist hergestellt. Zöge man nun am freien Seilende an, glitte das Segel am Mast entlang nach oben; aber das kommt erst später.

Fünfter Arbeitsgang: „Mast“ heißt die senkrecht auf dem Boot stehende Stange. Die kürzere, liegende Stange nennt man „Baum“ oder auch „Großbaum“. Dieser Großbaum wird am Mast befestigt; wie, ist verschieden: manchmal mit einer Art Splint, mit einem Haken oder dergleichen, manchmal wird er auch nur ganz schlicht auf einen Dorn gesteckt. Über die Länge des Baumes verläuft eine Nut. Die muß nach oben gewendet sein.

Sechster Arbeitsgang: Zum Bedienen des Großsegels während der Fahrt dient eine

Schnur, die „Großschot“. Sie ist an der Unterseite des Baumes festgemacht und läuft dort über ein paar Rollen. Diese Rollen können am Baum angeschäkelt oder mithilfe eines „Schotrings“, den man übers Baumende streift, daran befestigt sein. Das ist unterschiedlich, aber das erfährt man aus der Bootsgebrauchsanweisung, die wahrscheinlich sogar eine Zeichnung enthält, aus der hervorgeht, wie die Schot durch die verschiedenen Rollenblöcke am Baum und am Boden des Boots zu führen ist. Die Einfädelei wird einmal vorgenommen, die Schot kann die Saison über auf dem Boot bleiben.

Siebter Arbeitsgang: In die Nut des Baumes (siehe Arbeitsgang fünf) wird nun das Unterliek, die Unterkante des Großsegels, eingeführt. Vorn fängt man an und zieht sie nach hinten. Am vorderen, mastnahen Ende seiner Unterkante hat das Segel ein zweites eingesäumtes Loch (ein „Auge“). Da wird ein Splint oder Haken hindurchgesteckt, damit das Segel festhält.

Achter Arbeistgang: Ein drittes Auge befindet sich am untern, hinteren Ende des Segels. Da gehört ein Stück Schnur hindurchgefädelt, ein „Bändsel“, das man an einer Klampe oder an einem Häkchen am Baumende anmacht. Jetzt kann das Segel nicht mehr verrutschen.

Neunter Arbeitsgang: „Nun wird das Großfall durchgeholt und das Vorliek des Großsegels in die Mastnut eingeführt.“ So etwa steht es in der Aufbauanleitung. Das heißt: Das Seil, an dem das Segel hängt (Arbeitsgang vier) zieht man jetzt hoch und führt dabei den vordern Saum des Segels in eine Nut ein, die senkrecht am Mast verläuft. Wobei man am besten zu zweit zuwerke geht: der eine zieht, der andere paßt auf, daß sich die Segelkante auch schön in die Nut hineinlegt und nicht auf halbem Weg herausrutscht. Hinten hebt jemand den Baum hoch, damit das Segel leicht hinaufkommt.

Zehnter Arbeitsgang: Wenn das Segel oben ist, wird das untere Seilende an einer Klampe (die sich an der Rückseite des Masts befindet) festgelegt.

Eine Klampe ist eine Art länglicher Knauf aus Kunststoff, Holz oder Metall und dient dazu, ein Seilende so daran festzumachen, daß es zwar hält, aber auch schnell und leicht wieder zu lösen ist. Deshalb wickelt man das Großsegelfall nicht einfach um die Klampe herum, sondern führt es

1) einmal rund um den Hals der Klampe,

2) fortan aber in Achterform so übers Kreuz,

3) wie's auch die Skizze 3 erkennen läßt.

4) Und so sieht der Abschluß aus: Man legt eine Schlinge in das Seil, wobei das kurze freie Ende unter dem langen verläuft,

*Wie der gebildete Landmensch mühelos einen Mercedes vom Volkswagen unterscheiden kann, so muß ein Segelsportsmann in der Lage sein, Klassenboote zu erkennen. Da sie mit einprägsamen Symbolzeichen dekoriert sind, ist dies nicht allzu schwer. — Links oben beispielsweise schwimmt ein Pirat (Segelzeichen: Enterbeil), 10 qm Segelfläche, 5 Meter lang, 1,60 breit. Der Preis beträgt rund 6500 Mark. — Oben rechts ein Korsar, eine Rennjolle für zwei, 5 Meter lang, 1,70 breit, 12 qm Segelfläche. Ab 4500 Mark. — Unten links ein Starboot, mit Kiel, 26,13 qm Segelfläche, 6,92 Meter Länge, 1,73 Breite. Es kostet über 16 000 Mark.*

*Oben links ein Drachen, ein 8 Meter 90 langes, 1,96 breites Kielboot mit 26,60 qm Segelfläche. Preis: 30 000 Mark und mehr. — Links unten: FD heißt „Flying Dutchman“, 6 Meter und 5 Zentimeter lang, 1,80 breit, 15 qm Segelfläche. Preis: ab 10 000 Mark. — Rechts unten ein Katamaran, ein Zweirumpfboot, namens Tornado (ab 1976 Olympiaklasse). 6 Meter 10 lang, 3,05 breit, mit 21,80 qm Segelfläche. Dafür zahlt man etwas mehr als 7000 Mark.*

*Oben links: die primitive, lustige Optimist-Jolle, ein vorzügliches Lernboot für Kinder. Und preiswert: es kostet fertig unter 1000 Mark, im Eigenbau kommt es auf rund 400. Seine Länge beträgt 2 Meter 30, die Breite 1,13, das Gewicht 42 kg. — Oben rechts: der Zugvogel, eine Wanderjolle, 5,80 Meter lang, 1,90 breit, mit Schwert und auch, für rauhere Gewässer, als Kielboot zu haben. Preis: ab 6500 Mark. — Rechts unten: die beliebte, weitverbreitete Koralle, 4 Meter 10 lang, 1,45 breit und mit ihren 78 Kilo auf kurzen Strecken notfalls auch zum Autodachtransport geeignet. Kostet um 2500 Mark.*

*Die Vorzüge eines Schlauchsegelboots sind weniger in den enormen Segeleigenschaften als in der platzsparenden Verstau- und Transportierbarkeit zu suchen. Für seefern wohnende Leute ohne Liegeplatz ist das durchaus ein Argument. — Links oben: Gugel-Admiral, als Motor- und als Segelboot zu fahren, mit seitlich angebauten Schwertern und 8,5 qm Segelfläche (Preis: rund 4000 Mark, mit Besegelung, ohne Motor.) — Rechts oben: Metzeler Hobbystar, ein reines Segel-Luftboot mit Mittelschwert und 9,8 qm Segelfläche. Der Hobbystar kostet 2690 Mark. — Unten: Der Feuerpfeil von Semperit, motorisierbar bis 45 PS, zu besegeln mit 4,8 qm. Preis: 2746 DM.*

5) stülpt die Schlinge über die Klampe, zieht am überstehenden freien Ende an, und das Seil hält fest.

Es gibt Boote, die zum Festlegen des Großsegels eine raffiniertere Vorrichtung haben: Da ist an der Mastspitze ein sogenanntes Fallschloß angebracht und am Fallende, an dem das Segel hängt, ein Draht und eine Hülse. Die Hülse soll in das Fallschloß einklinken und damit das Segel arretieren. Manchmal tut sie das auch, manchesmal aber nicht, weil sich die Hülse vor dem Schloß irgendwie sperrt.

In dieser Situation, vor allem wenn sie öfters eintritt, ist es angezeigt, das Schloß einfach zu ignorieren und das Drahtstück samt der Hülse zu entfernen und wegzuwerfen. Damit wird das Schloß außer Kraft gesetzt und steht nicht mehr im Wege. Das andere Seilende bindet man an die Klampe, und das Segel hält tadellos.

Noch etwas kann passieren: Es gibt Segel — das unsere zum Beispiel —, die sich in der Mastnut verklemmen und dann auf Viertelshöhe hängenbleiben und keinen Zen-

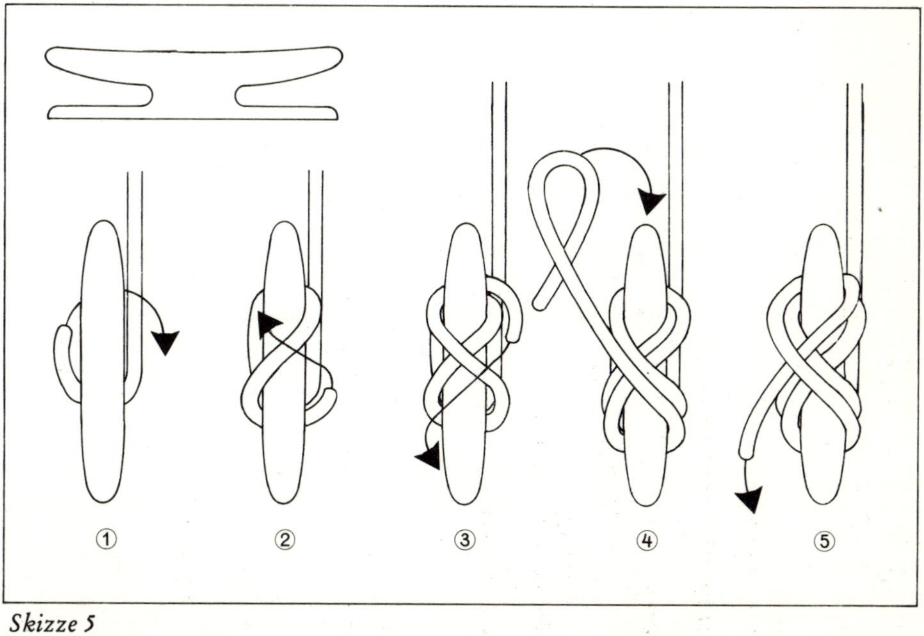


*Skizze 5*

timeter mehr weitergehen. Hier hilft es unter Umständen, wenn man die Segelkante mit Talkum bestreicht. Gewisse Erfolge lassen sich auch erzielen, wenn man so kräftig am Fall zerrt, daß man denkt: gleich reißt es ab. Es reißt nicht, aber vielleicht bewegt sich so das Segel weiter. Wenn nicht, bewährt sich's sehr, das Segel mehrmals hintereinander auf- und abzuziehen; es rutscht dann immer ein Stückchen weiter, und schließlich hat man's droben. Ein Grund zur Reklamation ist das nicht, das bessert sich im Lauf der Wochen zusehends: unser Segel, das sich im Mai noch kaum bewegen ließ, flutschte im September fast von selbst hinauf.

Das Vorsegel lassen wir, wie gesagt, am Anfang noch daheim. Es wäre ziemlich mühelos zu setzen:

Vorderes unteres Ende mit einem Schäkel am Stevenbeschlag (dem Metallteil an der Bugspitze) befestigen.

Oberes Ende, ebenfalls mit Schäkelhilfe, an die zweite Schnur, ans Fockfall, anmachen.

Stagreiter (das sind kunststoffene Klauen) in das Vorstag einhängen; „Vorstag" heißt das Drahtseil, das den Mast nach der Bootsspitze hin verspannt.

Fockfall hochziehen — das geht leicht, weil hier keine tückische Nut ist und kein Schloß.

Fockfall an einer Klampe am Mast (oder an einer Spannvorrichtung) festmachen.

Fockschot (das ist das Seil, mit dem man das Vorsegel bewegt) durch die verschiedenen Ösen führen.

Fockschotenden mit einem Achtknoten versehen, dessen Herstellung die Skizze 25 auf Seite 136 zeigt.

Wo man die Segel auf sein Schiff setzt, ist egal. Bei leichtem Wind kann man's an Land, und dann schiebt man sein Schiff mitsamt den Segeln in das Wasser; sonst tut man's am Steg oder an der Boje und merkt sich: Das Boot muß dabei gegen den Wind gestellt sein, damit es dem Wind möglichst wenig Angriffsfläche bietet.

Wir neigen anfangs mehr dazu, das Boot ohne Beseglung ins Wasser zu tun, und daraufhin 30 Meter weit hinauszurudern, auf den freien See. Denn in diesem Zustand ist ein Segelboot ganz harmlos. Solang die Segel nicht gesetzt sind, schlägt einem kein Großbaum an den Kopf, dreht kein Wind das Schiff herum und kann es kaum passieren, daß man Schiffe, die an ufernahen Bojen liegen, rammt. Erst draußen, wo links und rechts kein Hindernis mehr ist, setzen wir unsere Segel und fahren los. Das ist zwar keineswegs die eleganteste Methode, für Anfänger aber die sicherste.

# *Jungfernfahrt*

Wenn wir die spannende Situation zusammenfassen: Das Boot steht dreißig, vierzig, fünfzig Meter weit vom Ufer weg, wo nichts passieren kann, ohne Nachbarschaft im freien See. Weit und breit ist kein Steg, kein Strand, kein Dampfschiff. Das Großsegel ist gesetzt, der Baum steht in der Bootsmitte, das Segel flattert, und der Wind weht von vorn auf unser Schiff.

Es ist ein sanfter, milder Wind, ein Lüftchen nur, ein leiser Zug, der kleine Rauchfahnen aus ihrer gradaufsteigenden Richtung ablenkt, Birkenblätter zum lieblichen Säuseln bringt, und die Seeoberfläche kräuselt, aber nur stellenweise und ganz zart; Windstärke anderthalb zirka.

Warm ist es, und die Sonne scheint. Und ausnahmsweise haben wir weder Sonn- noch Samstag; so ist der See schön leer. Nur in der Ferne segeln ein paar Arbeitslose.

Das Steuerruder haben wir am Heck eingehängt, und das Ruderblatt nach unten geklappt, so daß es tief ins Wasser eintaucht; andernfalls hätte es nämlich keine Steuerwirkung. Das Schwert haben wir, der Gebrauchsanweisung folgend, ebenfalls hinabgelassen, und die Fallen (die Schnüre, die Schwert und Steuerruder halten) haben wir kräftig festgeklemmt (wozu Klemmösen zur Verfügung stehen), damit Ruder und Schwert nicht ungerufen nach oben kippen können.

Ich sitze hinten im Boot. Sohn Steffi vorn, ich auf der einen, er auf der andern Seite. Die Pinne — das ist die Verlängerung des Steuerruders, der Hebel, mit dem man das Ruder bedient — habe ich, rechts sitzend, in der linken Hand (links sitzend in der rechten). Seemännischer nennt man die Seiten „Backbord“ (links) und „Steuerbord“ (rechts).

Am Baum — den wir vom Segelsetzen her schon kennen — hängt, über ein paar Rollen laufend, eine kräftige Schnur, die Großschot. Zieht man daran an, so bewegt sich der Baum und mit ihm das an ihm angemachte Segel. Die Schot halte ich locker in der Hand, den Arm halbangewinkelt, aus dieser Stellung kann man das Seil am besten sowohl nachlassen wie ziehen. Um die Hand geschlungen soll das Seil nicht werden, sonst nämlich kann man's schwer lockerlassen.

Sohn Steffi hat, da wir das Vorsegel nicht mitgenommen haben, nichts zu tun, als mir mit Interesse zuzuschauen.

Unser Boot steht. Ein Segelschiff, welches vom Wind von vorn getroffen wird, fährt nicht. Um es in Bewegung zu setzen, müssen wir es ein wenig drehen.

Das geht ganz leicht. Ich ziehe die Pinne kräftig zu mir heran, mit einem Ruck, und die Bootsspitze dreht sich in die entgegengesetzte Richtung, von mir weg, ein kleines

Stück bloß, darum schiebe ich die Pinne wieder von mir, sanft und ohne Schwung, und ziehe nochmals kräftig an, und noch einmal. Das nennt der Seemann „wricken“. Derselbe Effekt ließe sich auch erzielen, wenn Steffi ein Stechpaddel nähme und damit ein bißchen ruderte.

Nun kommt der Wind nicht mehr direkt von vorn auf unser Schiff zu, sondern von schräg vorneher. Ich stelle die Pinne in die Mitte. Und nun begibt sich folgendes:

Der Wind trifft auf das Segel, das Segel beult sich ein klein wenig aus, der Baum, der beweglich vorn am Mast befestigt ist, dreht sich mitsamt dem Segel von mir weg, das Segel steht auf der Seite mir gegenüber, und das Schiff fängt an, langsam zu fahren. Es ist die Leeseite, die vom Wind abgewandte Bootsseite, auf der das Segel steht. Ich

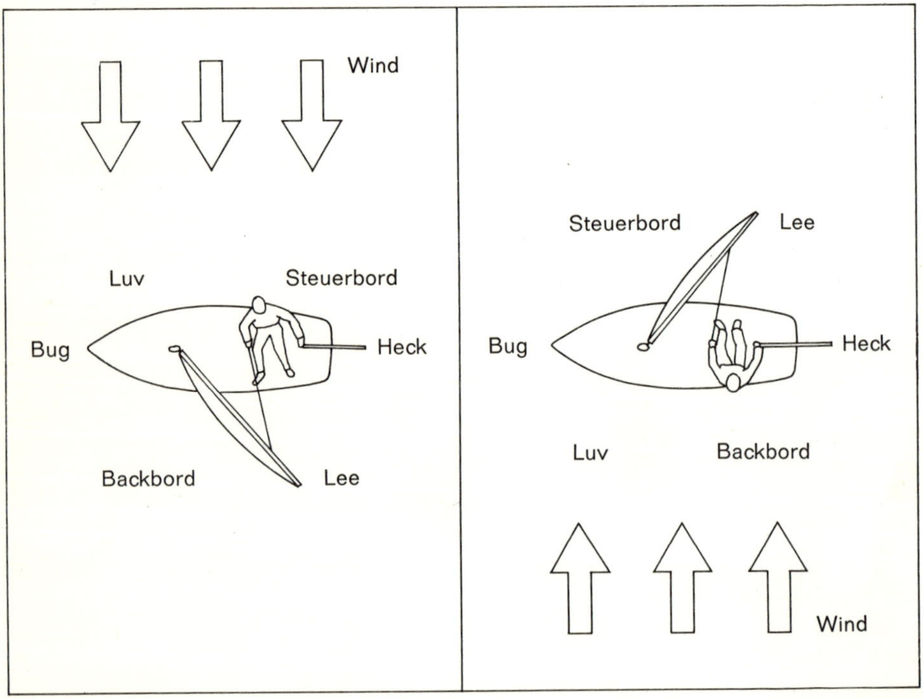


*Skizze 6*

sitze an Luv, da, wo der Wind herkommt. Das ist immer richtig: Der Steuermann sitzt seinem Segel vis-à-vis und gleicht so mit seinem Gewicht das Gewicht des Segels und des Baumes und die Kraft des Windes aus.

Der zweite Mann, der vorne ist, setzt sich nach Luv oder nach Lee, je nachdem, wie es Windstärke und Gewichtsverhältnisse erfordern: Das Boot soll ja immer möglichst aufrecht im Wasser stehen. Bei viel Wind, wenn starker Druck und große Kräfte auf das leeseitige Segel wirken, wird auch der zweite Mann auf die Luvseite gesetzt; weht wenig oder kaum ein Wind, sitzt er günstiger beim Segel drüben, auf der Leeseite. Dritte, vierte, fünfte Personen verteilt man entsprechend.

Schön, ich sitze hier, Sohn Steffi und das Segel drüben, Wind weht ins Segel, und unser Schiff fährt. Das ist schon Segeln.

Die Pinne in meiner Hand dient dazu, daß ich das Boot lenke. Ziehe ich sie nach links, so fährt das Schiff nach rechts, lege ich die Pinne rechts, macht mein Schiff eine Linkskurve. Das ist ein bißchen dumm eingerichtet — Landfahrzeuge bewegen sich ja in die Richtung, in die man das Steuerrad und die Lenkstange dreht —, aber man gewöhnt sich daran. Nur in der Aufregung, wenn man ganz plötzlich wohin lenken möchte, passiert es einem anfangs, daß man, um nach rechts zu fahren, die Pinne nach rechts bewegt.

Die Pinne ist ein Stab, der vom Ruderblatt nach vorne ragt, als Griff. Auf diesem Pinnenstab ist, dreh- und klappbar mit einem Scharnier, ein zweiter Stab befestigt, den man umlegen kann und der dann die Pinne verlängert. Den brauchen wir im Augenblick noch nicht, den lassen wir: Er dient als Pinnenverlängerung für windige Situationen, in denen sich der Steuermann nach hinten, über Bord lehnen muß, um das Boot nicht umkippen zu lassen. Bei unsern Windverhältnissen tut es die kurze Pinne leicht.

Mit ihr beschäftige ich mich zunächst ausschließlich. Schiebe sie ein Stück nach links — das Boot fährt rechtsherum, ziehe sie rechts, das Boot wendet sich nach links. Ich reiße nicht an der Pinne, denn das Schiff soll ja weich und nicht ruckartig drehen, und ich schlage die Pinne nicht unmäßig weit ein: nicht weiter als höchstens 45 Grad, sonst würde ich das Boot nur abbremsen.

Mein Platz ist auf der Luvseite hinten, wie man weiß, jedoch nicht so weit hinten, daß mir die Pinne bei jeder Lenkbewegung an die Knie oder in den Bauch stößt. Und der Kurs, den ich steuere, verläuft so, daß der Wind ungefähr von der Seite auf das Boot weht, mal ein bißchen stumpfer, mal spitziger. Das ist die problemloseste Art zu segeln.

Das Segel halte ich so, daß es ungefähr 45 Grad vom Boot absteht. Diese Stellung stimmt zwar nicht genau, doch für den ersten Anfang ist sie gut genug, und Näheres liest man im folgenden Kapitel.

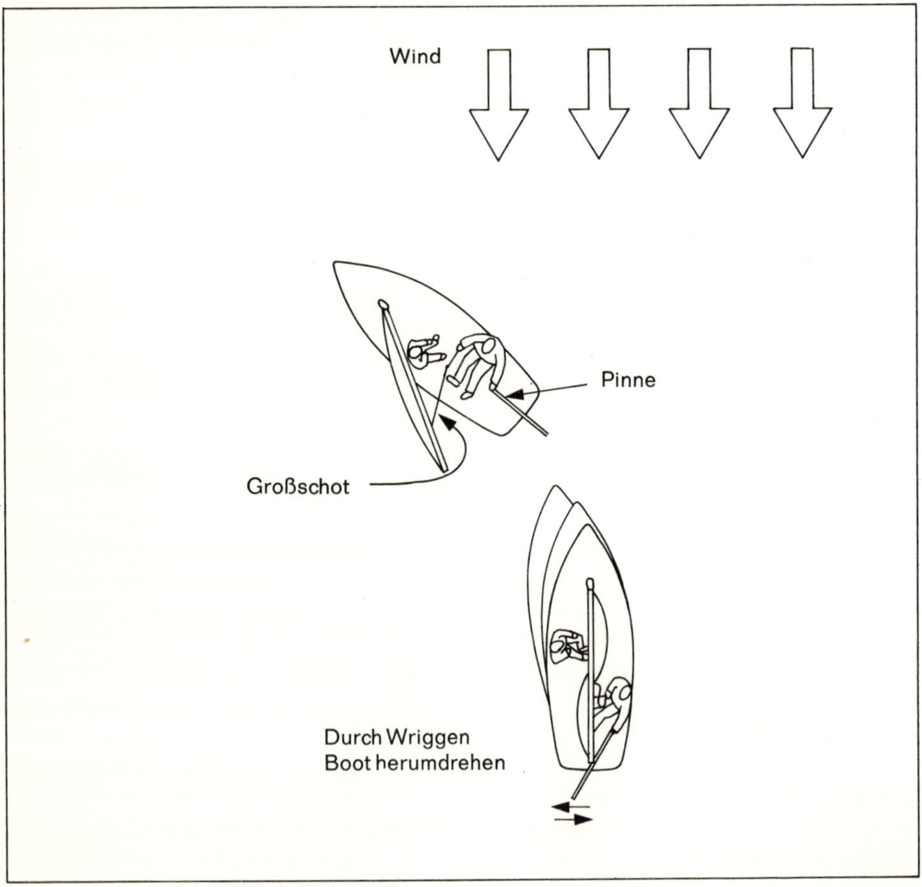


*Skizze 7*

# *Daher weht der Wind*

Wenn man ein Brett nimmt, darauf eine Stange setzt, an diese Stange ein Tuch anmacht, das Tuch möglichst quer zum Brett ausspannt und das Brett so ins Wasser legt, daß es der Wind von hinten anbläst, dann schwimmt das Brett geradeaus. Das ist jedermann und auch dem Binnenlandbewohner klar.

Kommt der Wind von der Seite, und das Tuch hängt der Länge nach auf dem Brett, dann schwimmt das Brett in Querrichtung davon. Hätte das Brett einen Kiel, der nach unten ins Wasser ragte, würde der Kiel den seitlichen Abtrieb verhindern oder wenigstens verringern, und das Brett führe wieder geradeaus. Auch das ist im Prinzip noch zu verstehen.

Dreht man sein Brett — oder Schiff — so, daß es den Wind von vorn bekommt, dann wird es entweder rückwärts fahren, wenn das Segel ausgebreitet quersteht, oder es wird stehenbleiben, wenn das Segel wie ein Lappen vom Mast herunterhängt und keinen Wind auffängt.

Alles dies erscheint dem Laien nicht besonders wunderbar.

Weitaus merkwürdiger aber ist es, daß man selbst dann vorwärts kommt, wenn der Wind von schräg vorne weht.

Es gibt recht physikalische Erklärungen dafür, die darin gipfeln, daß der Wind keineswegs nur schiebend auf das Segel einwirkt, sondern, dank genialer Konstruktion der Leinwände, auch eine starke Saugwirkung ausübt und das Boot so nicht nur vorwärts bläst, sondern es gewissermaßen zieht.

Dem Amateur und Laien aber langt's, daß das so ist, er nimmt dies Wunder der Aerodynamik ein bißchen staunend, aber dankbar hin. Und hat weiter nicht viel zu tun, als seine Segel jeweils so zu stellen, daß die Winde wirken können, wie sie sollen.

Daß hier nicht von einem Wind die Rede ist, sondern vom Plural „Winde", hat seinen tiefen Sinn, denn es ist nicht nur ein Wind, der den Segler betrifft, es sind drei Winde:

1) der wahre Wind;
2) der Fahrtwind;
3) der scheinbare Wind.

Der „wahre Wind" ist der, den jeder kennt, der Ostwind, Westwind, Westnordwestwind, der sich in fortgeblasenen Staubwolken und Kaminrauchfahnen manifestiert.

Der Fahrtwind entsteht durch den Luftwiderstand des bewegten Bootes: er weht der Fahrtrichtung genau entgegen und ist, auch bei völliger Wahrwindstille, beispielsweise auf dem Fahrrad, im offenen Auto, im Ruder- und Motorboot etc., zu spüren. Er hört auf, wenn man steht, und ist stark bei hoher und schwächer bei kleiner Geschwindigkeit.

Der dritte Wind, der sogenannte „scheinbare“, ist eine Kombination aus dem wahren und dem Fahrtwind: das, was sich aus dem Zusammenwirken der beiden anderen Winde ergibt. Er ändert sich — bei gleichbleibendem wahrem Wind — mit der Geschwindigkeit, die das Boot fährt, und mit der Richtung, die es einschlägt.

Frage: Mit welchem von den drei Winden segelt der Segler?

Antwort: Mit dem scheinbaren Wind.

Die Bezeichnung ist nicht sehr eindrucksvoll gewählt, denn dieser Wind ist alles andre als bloß scheinbar: auf ihn kommt's an. „Resultierender Wind“ wäre der sinnreichere Ausdruck.

Dieser resultierende „scheinbare“ Wind wirkt auf das Schiff; der wahre bläst von links, der Fahrtwind weht von vorn, keiner kommt ganz so zum Zuge, wie er möchte, und so entsteht aus den beiden Winden ein Kompromiß: eben der scheinbare Wind.

Die Richtung, aus welcher der scheinbare Wind kommt, ist abhängig von der Richtung und Stärke des wahren Windes, von der Fahrgeschwindigkeit des Bootes und von der Richtung, in die es segelt. So weht für jedes Boot ein eigner Wind — dies ist die individuelle Note des Segelsports.

Auf Segelschulen lernt man:

„Der scheinbare Wind fällt immer vorlicher ein als der wahre Wind. Wenn der wahre Wind zunimmt, wird der scheinbare Wind achterlicher, als wenn der wahre Wind geringer ist.“

Mit dem Kräfteparallelogramm läßt sich das illustrieren, siehe Skizze 8 Seite 50.

Je stärker der wahre Wind ist und je geringer der Fahrtwind (die Geschwindigkeit des Boots), um so mehr nähert sich die Richtung des scheinbaren Windes der Richtung des wahren Winds.

Hört die Fortbewegung gänzlich auf, dann ist der Fahrtwind gleich Null, und der scheinbare Wind deckt sich mit dem wahren Wind.

Herrscht Flaute, der wahre Wind schläft ein, und man fährt mit dem Hilfsmotor, dann spürt man nur den Fahrtwind, und der scheinbare fällt mit ihm zusammen.

Auf der Mastspitze des Segelbootes sitzt ein praktisches Gerät: der „Verklicker“, an dem ein Windfähnchen befestigt ist (siehe Skizze auf Seite 34). An seiner Stellung kann man ablesen, woher der Wind weht. Je nachdem, wie man sitzt und wie die Segel stehen, sieht man es nur mit Mühe, und bei ganz schwachem Luftzug rührt es sich gar nicht. Weshalb man in günstigerer Position, auf etwa halber Wantenhöhe („Wanten“ heißen die Drahtseile, die den Mast seitlich verspannen), links und rechts ein paar

Wollfäden anbindet, die auch auf geringe Luftströmungen schon reagieren. Der Faden an der jeweiligen Luvseite (gegenüber dem Großsegel) zeigt die Richtung des Windes an, des scheinbaren Windes.

Größere Segler schmeicheln sich wohlgefällig: sie brauchten den Verklicker nicht; den Wind müsse man spüren. Das mag schon sein, aber was man zudem noch sieht, das weiß man doppelt. Und außerdem: der Sonntagssegler spürt fast gar nichts. — Übrigens ist das Verklickerfähnchen ein Verschleißteil: vom Wind herumgezerrt, vom Regen angeregnet, von der Sonne ausgedörrt, hält es selten länger als eine Saison (meist kürzer); dann braucht man ein neues. Zum Glück kostet es nicht viel.

Der Sinn der langen Rede war:

a) der Wind, der, meteorologisch gesehen, weht, ist nicht der gleiche, mit dem das Segelschiff fährt.
b) Wer genau wissen will, aus welcher Richtung der Wind auf seine Segel bläst, darf sich nicht nach festländischen Rauchwolken und aufgehängten Wäschestücken richten, er muß auf das Verklickerfähnchen schauen, und zwar auf sein eigenes, denn nur das zeigt den Wind an, mit dem er's zu tun hat.

Die Erkenntnis, die er daraus zieht, muß nun sinnreich genutzt werden. Das heißt: Die Segel müssen, dem Wind entsprechend, richtig stehen.

Erstens: auf der Leeseite, die dem Wind abgewandt ist. Das ist insofern kein größeres Problem, als sie dorthin von selber fallen. Da bläst der Wind sie hin — unter Umständen ohne Rücksicht auf hochragende Köpfe der Besatzung, die dem Großbaum im Wege stehen.

Zweitens: im richtigen Winkel zum Wind. Das geschieht nicht von allein, hier setzt die Kunst oder zumindest Fähigkeit des Seglers ein.

Grundsätzlich und etwas über den Daumen kann man sagen: in der richtigen Segelstellung halbiert der Baum den Winkel zwischen Windrichtung (Verklickerfähnchenstellung) und Mittschiffsebene (siehe Zeichnung).

Für das Vorsegel gilt das gleiche: es steht parallel zum Großsegel.

Die ganz genau richtige, optimale Segelstellung kann man durch Versuche herausfinden, indem man sich merkt: Das Segel soll so weit wie möglich vom Boot abstehen und nur so nah wie unbedingt nötig herangezogen werden.

Zu weit steht es ab, wenn es anfängt zu flattern (zu „killen“, sagt man in Seglerkreisen). In diesem Fall zieht man es an der Schot, an der der Baum hängt und die man in der Hand hat, so dicht heran, bis es zu flattern aufhört. Wenn ein Segel killt, das

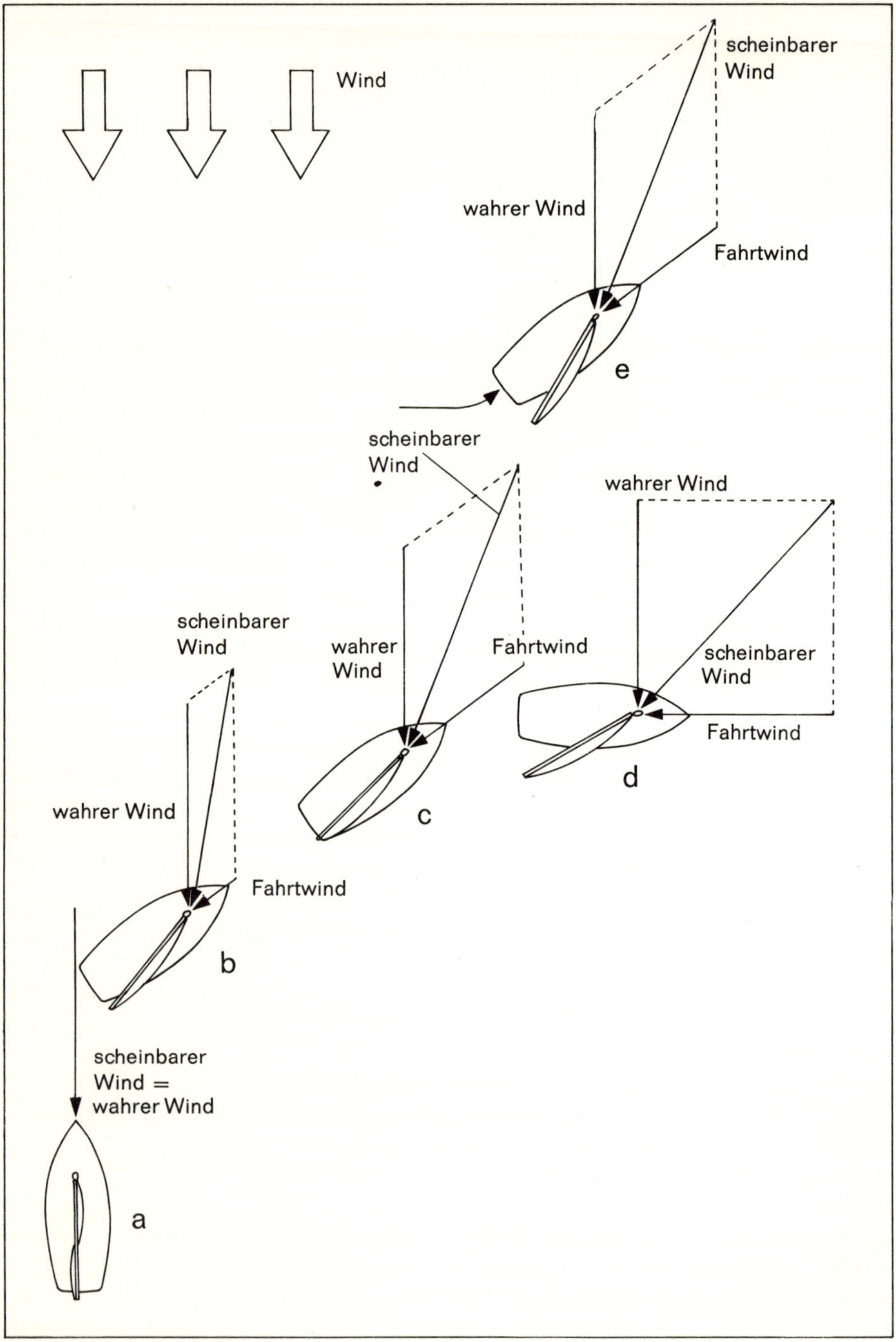
Wind
scheinbarer Wind
wahrer Wind
Fahrtwind
e
scheinbarer Wind
wahrer Wind
wahrer Wind
Fahrtwind
scheinbarer Wind
Fahrtwind
c
d
scheinbarer Wind
wahrer Wind
Fahrtwind
b
scheinbarer Wind = wahrer Wind
a

*Skizze 8*

merkt man; wenn's zu dicht steht, merkt man nichts. Deshalb und weil der Wind, auf Binnenseen insbesondere, sich manchesmal verändert, probiert man's hin und wieder: läßt das Segel weiter hinaus und zieht's, wenn's flattert, wieder ein wenig an. (Im übrigen ist es kein großes Unglück, wenn das Segel nicht ganz richtig steht: dann wird der Wind halt nicht bestmöglich ausgenutzt, und man fährt langsamer als man könnte; bei Regatten ist das schlecht, sonst, auf Spazierfahrt, kann's einem fast egal sein.)
Dann sieht eine Segelfahrt so aus, wie die Skizze 8 es zeigt.

a) Noch steht das Schiff, gegen den Wind gerichtet. Fahrtwind weht nicht, nur der wahre Wind.
b) Nun fährt's, 45 Grad zur Windrichtung, ganz langsam noch, weshalb der Einfluß des wahren Windes weitaus größer ist als der des Fahrtwinds.
c) Jetzt geht's schon schneller. Da nimmt der Fahrtwind zu, und also fällt der scheinbare Wind mehr von vorn („vorlicher“) ein. Da sieht die optimale Segelstellung wieder anders aus.
d) Das Schiff „fällt ab“. „Abfallen“ heißt: vom Wind wegsteuern, sich vom Winde abwenden. Der wahre Wind trifft von der Seite auf das Schiff, der Fahrtwind, von vorne, weht senkrecht zu ihm, es entsteht, wenn wahrer Wind und Fahrtrichtung gleiche Stärke hätten, ein scheinbarer Wind, der im 45-Grad-Winkel einfällt.
e) „Anluven“. Das ist das Gegenteil vom „Abfallen“: das Boot steuert zur Luvseite, zum Wind hin. Der Winkel zwischen wahrem Wind und Fahrtrichtung wird spitziger, das Segel muß dicht herangezogen werden.

*

Es folgen noch ein paar wichtige Mitteilungen, die die Namen der Winde betreffen. Je nachdem, woher der Wind kommt, ob von hinten, ob von der Seite oder mehr von vorne, heißt er anders.

Segelt man so, daß der Wind von hinten kommt, mit Rückenwind, dann, sagt der Seemann ganz gemeinverständlich, segelt er VOR DEM WIND. Wahrer und Fahrtwind blasen einander entgegen, die Differenz ist der scheinbare Wind, der das Boot vorwärtstreibt. Indem man das Segel so weit nach auswärts stellt, wie möglich, bietet man dem Wind eine möglichst große Angriffsfläche. Das Vorsegel stellt man, damit es

auch etwas vom Wind bekommt, auf der andern Seite hinaus. (Ob hier der Baum auf der linken oder auf der rechten Seite steht, ist gleich.)
Kommt der Wind von schräg vorn, dann segelt man AM WIND — wobei der Wind nicht spitziger einfallen darf als etwa 35 Grad. Noch „höher am Wind“ kann man nicht segeln.
Was zwischen diesen Kursen „am Wind“ und „vorm Wind“ liegt, heißt auf seemännisch RAUMER WIND, und nur der Wind, der direkt von der Seite kommt, hat noch einen eigenen Namen: er ist der HALBE WIND.

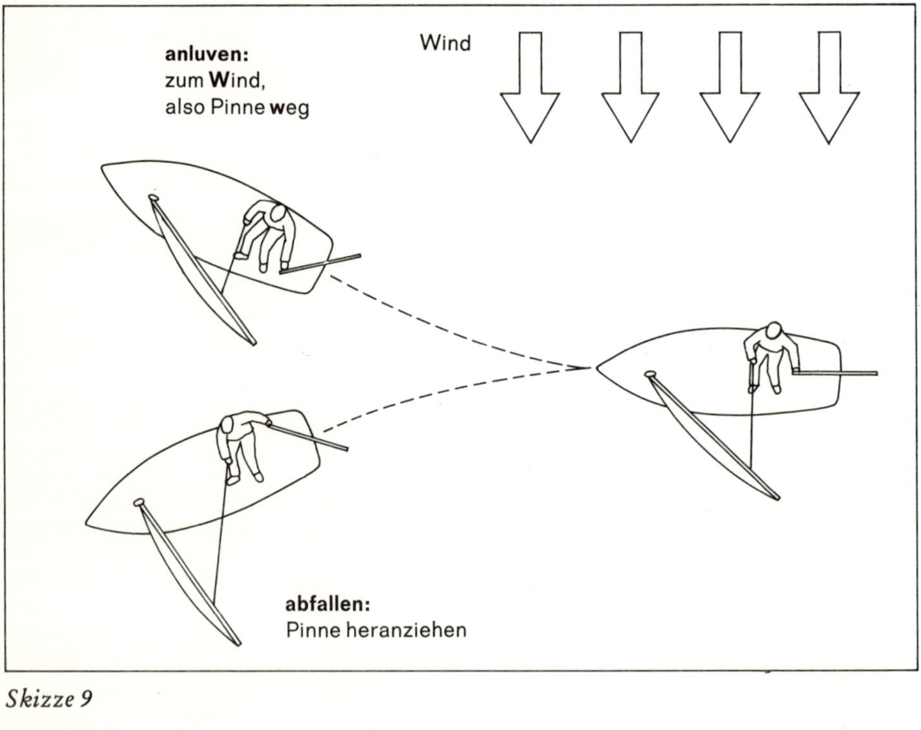


*Skizze 9*

IM WIND, das heißt mit dem Bug gegen den Wind, kann man nicht segeln. IM WIND steht man.

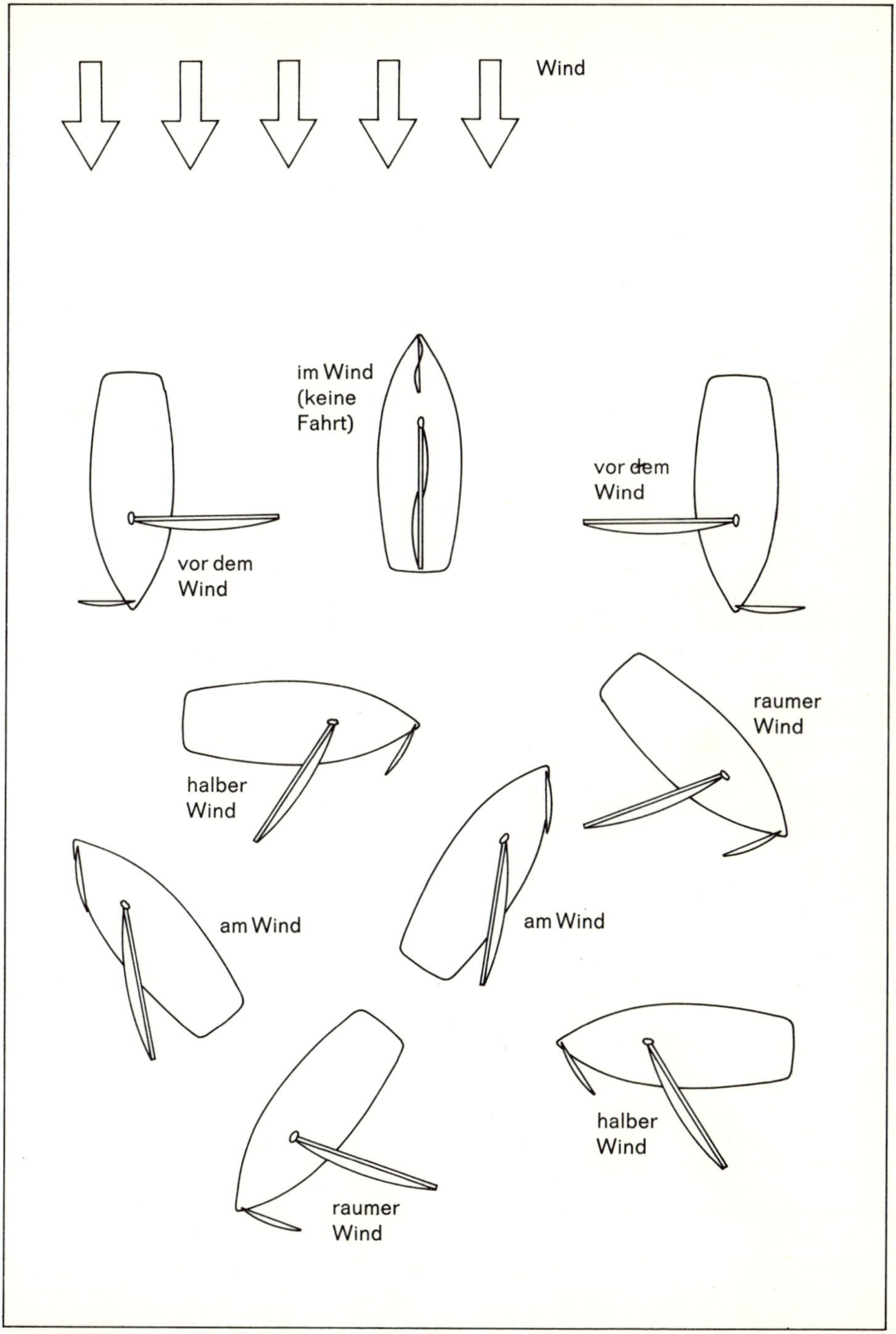

Wind
im Wind
(keine
Fahrt)
vor dem
Wind
vor dem
Wind
raumer
Wind
halber
Wind
am Wind
am Wind
halber
Wind
raumer
Wind


*Skizze 10*

# *Ein Segelschiff hat keine Bremse*

Das ist das tröstliche an den Automobilen, Fahr- und Motorrädern, Trambahnen und Lokomotiven: sie alle haben eine Bremse (oder sogar zwei), die man, wenn man anzuhalten wünscht, betätigt. Selbst ein Motorboot kann man durch Einschalten des Rückwärtsgangs (was diesem übrigens nicht schadet) verhältnismäßig schnell zum Stehen bringen.

Ein Segelboot hat keinen Rückwärtsgang und keine Bremse. Um es dazu bringen, daß es hält, muß man es in den Wind stellen, in den Gegenwind, so, daß der Wind von vorne kommt.

Der Seemann nennt diesen Vorgang „aufschießen" oder „einen Aufschießer machen".

Um sich dem Wind zu nähern, um anzuluven, muß man die Pinne von sich weg, zur Seeseite schieben. Das merkt man sich anhand der beiden W: „zum *Wind* — Pinne *Weg*".

Im Unterschied zu sonstigen Anluvmanövern, die nur zur Kursänderung führen sollen, wird beim Aufschießen das Segel nicht dichter zur Bootsmitte herangeholt, im Gegenteil: man läßt die Schoten los, damit man keinen Vortrieb mehr bekommt. Das Boot dreht sich, der Pinnendrehung folgend, die Segel flattern, das Boot läuft aus, Gegenwind und Gegenströmung bringen es zum Stillstand.

Wann es so weit ist, wann man ganz im Gegenwind steht, sieht man am Verklickerfähnchen: das muß ziemlich genau nach hinten wehen. Wenn man diesen Moment verpaßt und die Pinne weiter eingeschlagen hält, kann es passieren, daß man über die Imwindstellung hinausgerät, in Amwindposition, und mit dem Wind von der neuen Seite weiterfährt. Das läßt sich dadurch vermeiden, daß man sich nicht ganz in den Wind stellt, sondern nur beinahe ganz.

Dann steht man und kann Verrichtungen nachgehen wie Zigarettenanzünden, Biertrinken, Wasserschöpfen, Überlegen, was man nun unternehmen will, Segel herunternehmen usw., bei welchen man während der Fahrt behindert wäre.

Das schöne am Aufschießen mitten auf dem Wasser ist: Es kommt nicht sehr drauf an, ob man hier oder sieben Meter später oder einen Meter früher steht; Hauptsache, daß.

*

Im Falle der Gefahr, wenn man, von Böen angefallen, fürchten muß: Gleich werf ich um —, rettet den Segler ein höchst einfaches Rezept: Er läßt einfach die Leine los. Die Pinne zieht er, um vom Winde abzufallen, etwas an sich heran, machtlos bläst der Wind ins Leere, das Segel stellt ihm keinen Widerstand mehr entgegen, das Schiff richtet sich auf. — Der große Vorzug dieses Verfahrens ist, daß es dem Instinkt entgegenkommt: Was täte man am Steuer eines Fahrzeugs in brenzlichen Situationen lieber als alles fahren lassen? — Hier darf man's und soll man es sogar.

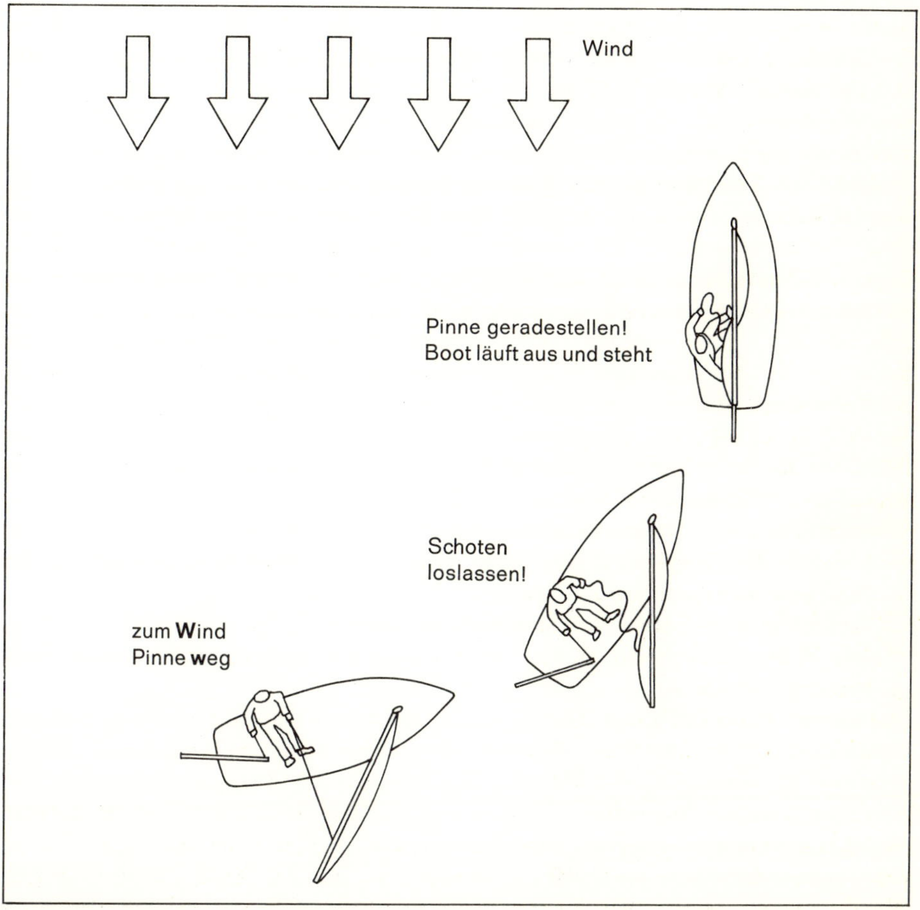


*Skizze 11*

# *Bitte wenden!*

Wenn der aufschießende Steuermann die Pinne, statt sie rechtzeitig geradzustellen, weiter eingeschlagen hält, dann wird das Boot sich weiterdrehen, durch den Gegenwind hindurch, noch weiter — und nun weht der Wind, der vorher schräg von der rechten Seite her aufs Boot blies, von schrägvorne links.

Damit ist nicht mehr die rechte Seite Luv, jetzt ist's die linke. Das Segel muß auf der Leeseite stehen, also dreht es sich, vom Wind geschoben, mitsamt dem Baum nach rechts. Das war eine Wende.

Eine Wende ist nicht etwa eine Drehung um 90 oder 180 Grad, von einer Wende spricht man, wenn die Windseite gewechselt wird. Wenn nicht, wenn man ohne den Wind zu wechseln, den Kurs selbst um 120 Grad und mehr ändert, hat man nicht gewendet.

Nun steht das Segel also auf der neuen Seite. Das brächte die Gewichtsverhältnisse ein wenig durcheinander: Das Boot tendiert dazu, nach der Leeseite zu krängen (sich zu neigen), säße der Steuermann auch noch dort, würde es zuviel. Darum nimmt er auf der neuen Luvseite Platz (der Vorschotmann wechselt die Seite ebenfalls). Man tut das nicht erst, wenn die Wende vollendet ist, sondern bereits in dem Moment, in dem der Baum auf die neue Seite geht (und gibt obacht auf den Kopf, damit der vom Baum nicht beschädigt wird).

Der Anfänger pflegt beim Seitenwechsel die Schot, das Seil, mit dem er den Großbaum führt, fest in der Hand zu behalten; die Pinne läßt er los, und auf dem Weg zum neuen Platz dreht er der Fahrtrichtung den Rücken zu.

Wie so manches, was Anfänger machen, ist auch dies völlig verkehrt:

+ Man läßt die Schot in dem Augenblick, in dem man sich im Wind befindet und das Segel kraftlos zusammenfällt, fahren;
+ man wechselt die Seite, indem man nach vorne schaut,
+ und die Pinne läßt man nicht aus, sondern übernimmt sie hinterm Rücken von einer Hand in die andere.

Denn erstens findet der Baum den Weg zur neuen Leeseite von selber; zweitens soll man immer sehen, wohin man fährt; drittens aber muß man mit der Pinne lenken und sie geradestellen, wenn der gewünschte neue Kurs erreicht ist. Läßt man die Pinne los, geschieht zwar auch nicht gleich ein Unglück, aber das Boot dreht sich viel weiter, als man plante, und man muß den Kurs wieder korrigieren. — Nun kann man sagen: Das ist nicht weiter schlimm, es wird schon Platz sein, und man hat ja Zeit, segelt man doch zum Vergnügen. Gewiß, das stimmt, und insofern ist auch das Loslassen der Pinne kein bedeutendes Verhängnis; aber, wie gesagt, falsch.

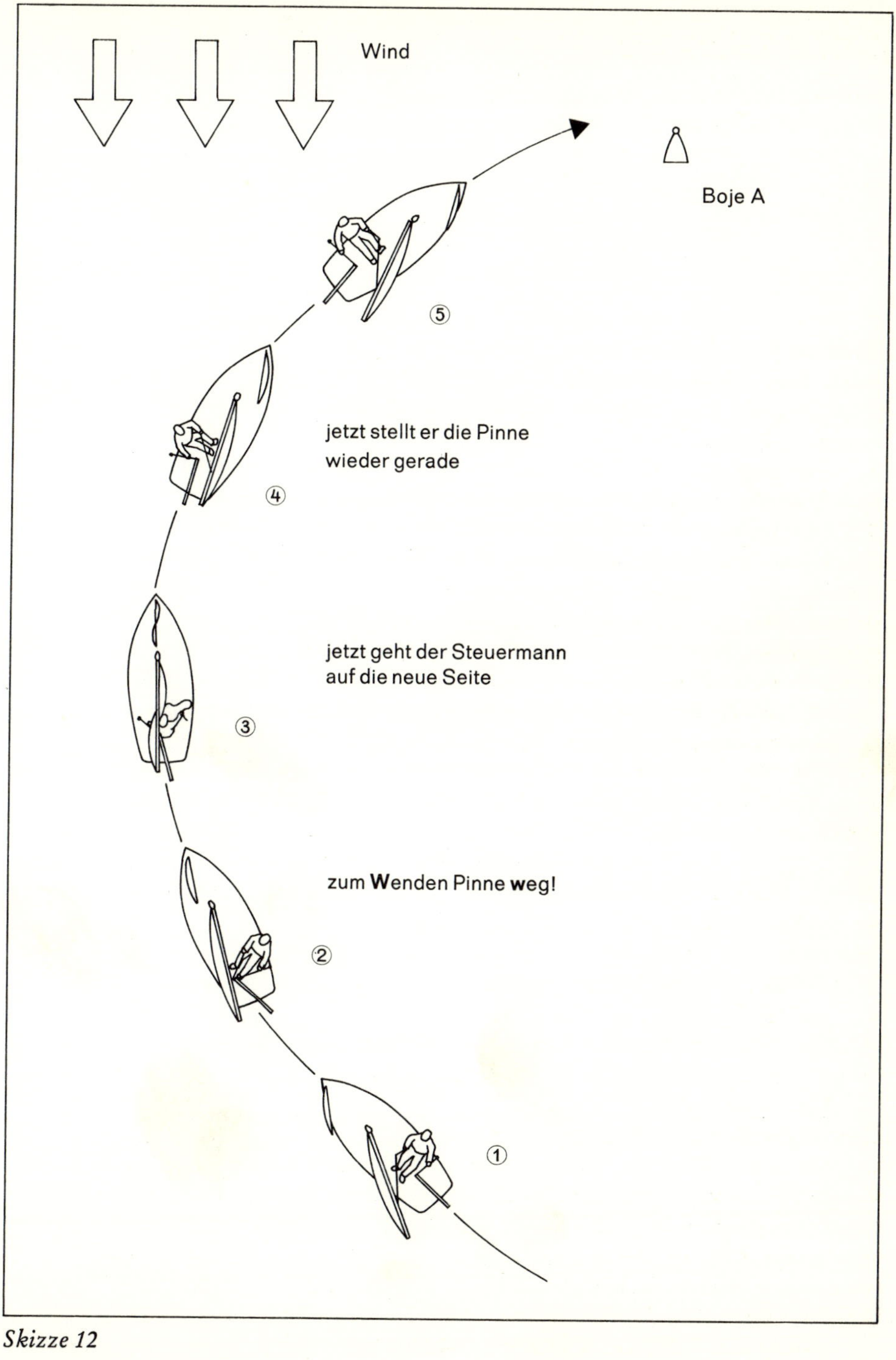
Wind
Boje A
⑤
jetzt stellt er die Pinne
wieder gerade
④
jetzt geht der Steuermann
auf die neue Seite
③
zum **W**enden Pinne **weg**!
②
①

*Skizze 12*

Die Skizzen zeigen genau, wie eine Wende geht:

1) Das Schiff fährt ein wenig am Wind, und nun will es die Boje A ansteuern.
2) Da luvt der Steuermann an, das heißt: er schiebt die Pinne von sich weg — was günstig ist, weil man es sich vorzüglich merken kann: *Wende = Pinne Weg.* Er schiebt die Pinne nicht mit einem brutalen Ruck von sich, sondern zwar zügig, aber doch mit Gefühl, und auch nicht übertrieben weit, nur 40 oder 45 Grad, sonst würde die Fahrt abgebremst, und just Fahrt braucht man, um durch den Wind zu kommen.
3) Das Boot dreht sich, kommt auch schon in den Gegenwind, gleich wird's drüber hinaus sein —
4) ist es schon, der Baum samt Segel wechselt auf die neue Seite, der Steuermann tut desgleichen in der andern Richtung (nochmal: mit dem Gesicht nach vorn, mit der Pinne in der Hand, mit losen Schoten). Auch der Vorschotmann wird aktiv, und bringt sein kleines Segel auf die neue Seite.
5) Die Pinne wird geradgestellt, sobald der Kurs stimmt, die Großschot in die Hand genommen, das Segel so gestellt, wie es dem neuen Kurs entspricht, und die Wende ist geschehen.

# *Halsen & Beinbruch*

Glücklich und mit gediegener Eleganz passiert das Boot die anvisierte Boje A. Und nun hat es ein neues Ziel vor sich, nun soll es zum Punkt B. Man sieht es, wenn man eine Seite weiterblättert, in der Zeichnung: Da muß wieder die Windseite gewechselt werden.

Aber nicht mit einer Wende. Im Gegenteil.

„Was ist eine Wende?", heißt eine wichtige A-Schein-Prüfungsfrage.

Die Antwort: Eine Wende ist der Wechsel der Windseite gegen den Wind, eine Drehung des Bootes also mit dem Bug, mit der vorderen Spitze, durch den Wind.

Was aber geschieht hier? Wie und womit geht das Boot hier durch den Wind?

Es wechselt die Windseite vor dem Wind und dreht sich mit seinem Heck durch den Wind.

So etwas nennt man eine „Halse". Die Tätigkeit „eine Halse ausführen" heißt „halsen". Und Halsen ist nicht ganz unproblematisch.

Ein Boot, das mit dem Heck durch den Wind geht, wird sich dabei zumindest einen Augenblick lang vor dem Wind befinden, das heißt: den Wind direkt von hintenher bekommen. Auf diesem Kurs — man sieht es in der Skizze — stehen die Segel, wie Ohren ausgebreitet, so weit vom Boot ab, daß sie beinahe an den Wanten anliegen.

Nun zieht der Steuermann die Pinne noch ein Stück zu sich heran, und das Schiff dreht sich noch ein kleines Stückchen weiter.

Denksportaufgabe: Was geschieht, einigermaßen Wind vorausgesetzt, in diesem Augenblick?

Lösung: Dann fährt der Wind plötzlich in das Segel, packt es und schmeißt es mit Wucht und Schwung und samt dem Baum um 180 Grad auf die andere Seite hinüber.

Der Kapitän schreit: „Obacht, Kopf!", die Mannschaft duckt sich grade noch, der Großbaum schwingt mit einem Ruck über sie hinweg, auf mich zu, ich versuche, schnell unter ihm hindurch zur neuen Luvseite zu kriechen, mein Sohn Andi versucht gar nichts, sondern schaut ungläubig erschrocken, wumms, der Baum ist angekommen, zentrifugalkraftvoll, das Schiff neigt sich ihm nach, was mir das Hinüberwechseln auf die Luvseite erschwert — es ist aber schon gar nicht mehr notwendig: das Schiff legt sich, durch unser Gewicht unterstützt, noch mehr zur Seite, Wasser läuft herein, noch mehr neigt sich das Schiff, wir fallen um.

Unglücklichere Bootsleute als wir haben es bei der Gelegenheit erlebt, daß ihnen auch noch dies und das von der Takelage brach. Wir sind bloß ins Wasser gefallen (eine Geschichte, deren Fortsetzung man auf den Seiten 70 ff. liest).

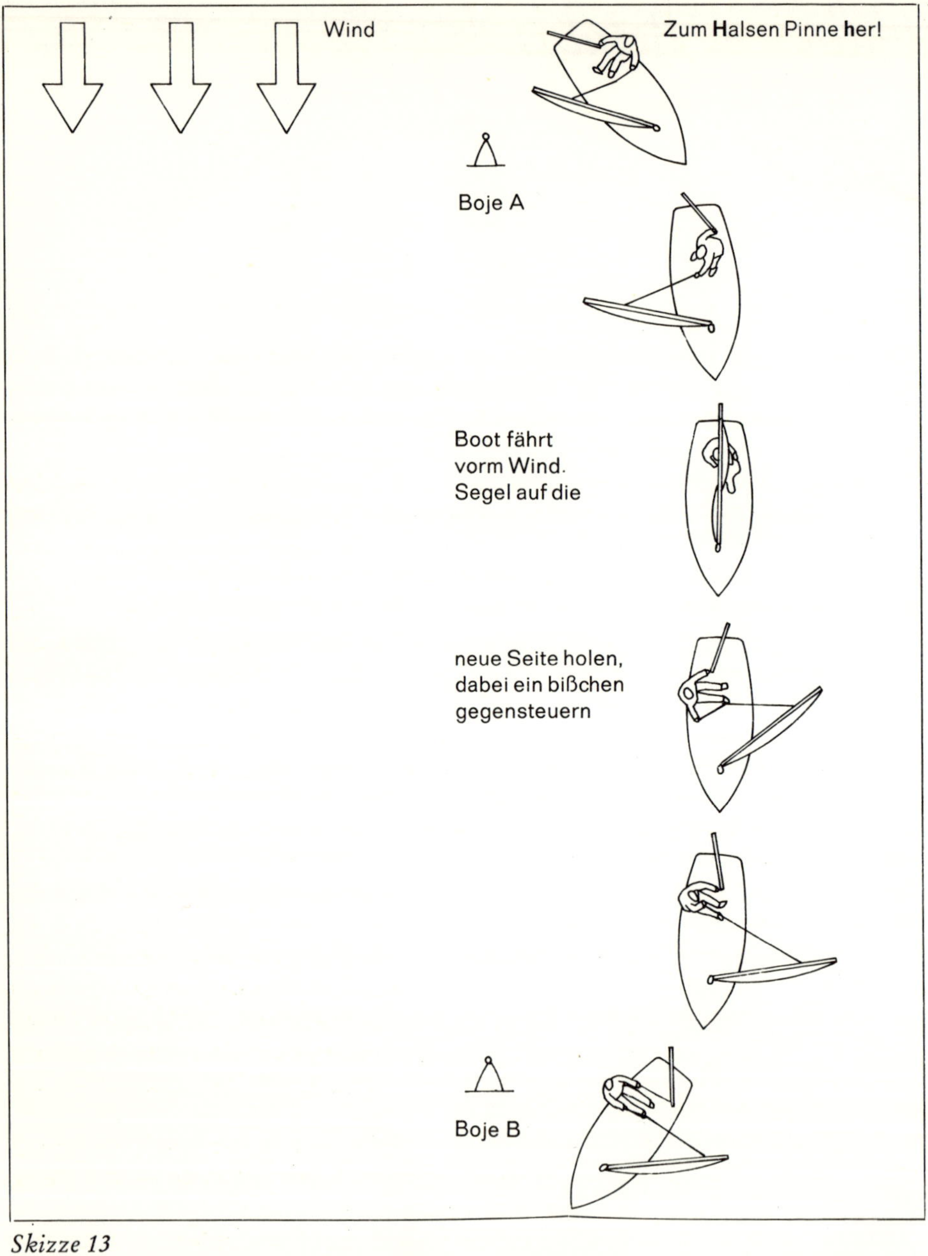


*Skizze 13*

Natürlich ist diese Kenterung unserer Ungeschicklichkeit und Dummheit zuzuschreiben. Die jedoch sind arg weit verbreitet, und das Halsen gilt deshalb unter Sams- und Sonntagsseglern als ein großes, gefährliches Abenteuer mit stets ungewissem, häufig schlechtem Ausgang.

Man übt's am besten — wie alle Manöver — bei mäßigem Wind und tut folgendermaßen:
Das Boot soll zum Punkt B. Also abfallen, der Steuermann zieht die Pinne zu sich heran, denn er hat sich gemerkt: Pinne *H*er = *H*alsen.
Der Wind, erst seitlich, kommt immer mehr von schräg hinten, wir nähern uns dem Vorwind-Kurs. Die Schoten werden aufgefiert (das heißt: die Seile, mit denen man die Segel führt, lockergelassen), die Segel stehen fast quer zur Fahrtrichtung.
Dann ist es so weit: Wir haben Rückenwind, wir fahren „vor dem Wind". Und diesem Wind, das ist der Trick, dem nimmt man nun die Arbeit, den Baum auf die andre Bootsseite zu feuern, ab. Vor dem Wind ist es egal, wo das Großsegel steht, rechts oder links, man kann sich's aussuchen. Also holt man den Baum in die Mitte des Boots, und zwar ein bißchen flink, damit er einem nicht vom Wind aus der Hand gerissen wird.
Die Pinne liegt währenddessen in der Mitte, so daß das Boot geradeaus vor dem Wind fährt, der Steuermann steht auf, stellt sich vor seine Pinne (Gesicht nach vorn natürlich) und klemmt die Pinnenspitze zwischen die Knie. Die Hände hat er beide frei, und so zieht er das Großsegel, Hand über Hand, mit der Schot, der Schnur in die Bootsmitte.
Da steht es nun. Der Mann vorn an der Fock wechselt nach gegenüber und bringt das Vorsegel auf die neue Seite. Der Steuermann greift wieder mit der Hand nach der Pinne und schiebt sie weiter in die Richtung, aus der das Segel geholt wurde — aber vorsichtig und langsam und nicht zu weit, nur bis zu dem Moment, in dem das Segel anfängt, sich zu beulen, und der Baum auf die neue Seite will. Da lenkt er schnell und ganz leicht dagegen, um die Drehung abzufangen, er „gibt Stützruder" nennt man das, und bringt das Segel auf die neue Seite, indem er die Großschot „auffiert" — siehe oben —, lockerläßt.
Nun kann nicht mehr viel passieren, das Segel steht da, wo es stehen soll, der Steuermann sitzt vis-à-vis davon, auf der neuen Luvseite, Schot und Pinne in der Hand, und kann sein Schiff gefahrlos in die gewünschte Richtung steuern.
Das klingt ein bißchen umständlich, geht in Wirklichkeit aber schneller, als es sich hier liest. Im übrigen ist solch ein Gestell natürlich unnötig, wenn man bei ganz leichten Winden unterwegs ist. Dann fährt der Baum ohnehin nicht so blitzschnell herum, dann läßt man ihn kommen, während das Heck den Wind passiert, faßt den Großbaum an der Talje (das sind die Rollenblöcke, mit denen die Schot am Baum befestigt ist) und führt ihn mit der Hand auf die neue Seite.

# *3 x rechts = 1 x links*

Man kann ein erfülltes Seglerleben hinter sich bringen, ohne jemals eine Halse gewagt zu haben. Trotzdem braucht man nicht darauf zu verzichten, vom Punkt A nach B oder sogar nach C zu gelangen.

Das Rezept ist unkompliziert: Man wendet einfach anstatt zu halsen.

Das ist ein etwas zeitraubendes Verfahren, aber durchaus praktikabel und bei heftig auffrischenden Winden, wenig geschickter Besatzung oder gar beim Zusammentreffen beider Umstände sehr zu empfehlen.

Die Spezial-Halse-Vermeide-Wende trägt den Namen „Kuhwende", gar nicht im Schimpf: „Kuh" bedeutet eigentlich „Q"; denn ein Q ist es, das hier auf dem Wasser beschrieben wird, anstelle eines schlichten C.

Die Kuhwende baut auf der Erkenntnis auf, die auch im Straßenverkehr gewonnen wurde, daß man mit dreimal Rechtsherumfahren dasselbe Ziel erreicht, wie wenn man einmal linksabbiegt; und natürlich auch umgekehrt, daß dreimaliges Linksabbiegen im Ergebnis einer Rechtskurve gleichkommt.

Die Zeichnung zeigt wieder, wie's geht:

Das Boot möchte gerne vom Punkt A aus, am Punkt B vorbei, nach C. Nichts ginge schneller als eine Rechtskurve bei B; die aber müßte eine gefährliche Halse sein: das Schiff ginge (wie es skizziert ist) mit seinem Heck durch den Wind. Da sich das der Steuermann nicht traut, fährt er andersherum:

Zieht nicht die Pinne zu sich *her* (Halse), sondern schiebt sie weg, läßt sie in dieser Stellung stehen, nähert sich mehr und mehr dem Wind und führt auf diesem Weg, glatt und risikolos, eine Wende aus: geht mit dem Bug durch den Wind. Jetzt fällt er noch ein bißchen ab (zieht nun die Pinne heran), noch einmal geht's nach links, und schon ist der Punkt C erreicht.

Die Kuhwende ist nicht das Manöver, das den großen Meister kennzeichnet, aber das muß ja auch nicht sein; es ist immer gut, wenn man seine Grenzen kennt und sich nach ihnen richtet, so spart man sich Kenterung und Seenot.

PS: Man könnte umgekehrt, als Snob, auch daran denken, die Wende, wenn sie nötig wird, durch eine Kuhhalse zu ersetzen. Sie freilich ist im seemännischen Repertoire nicht vorgesehen.

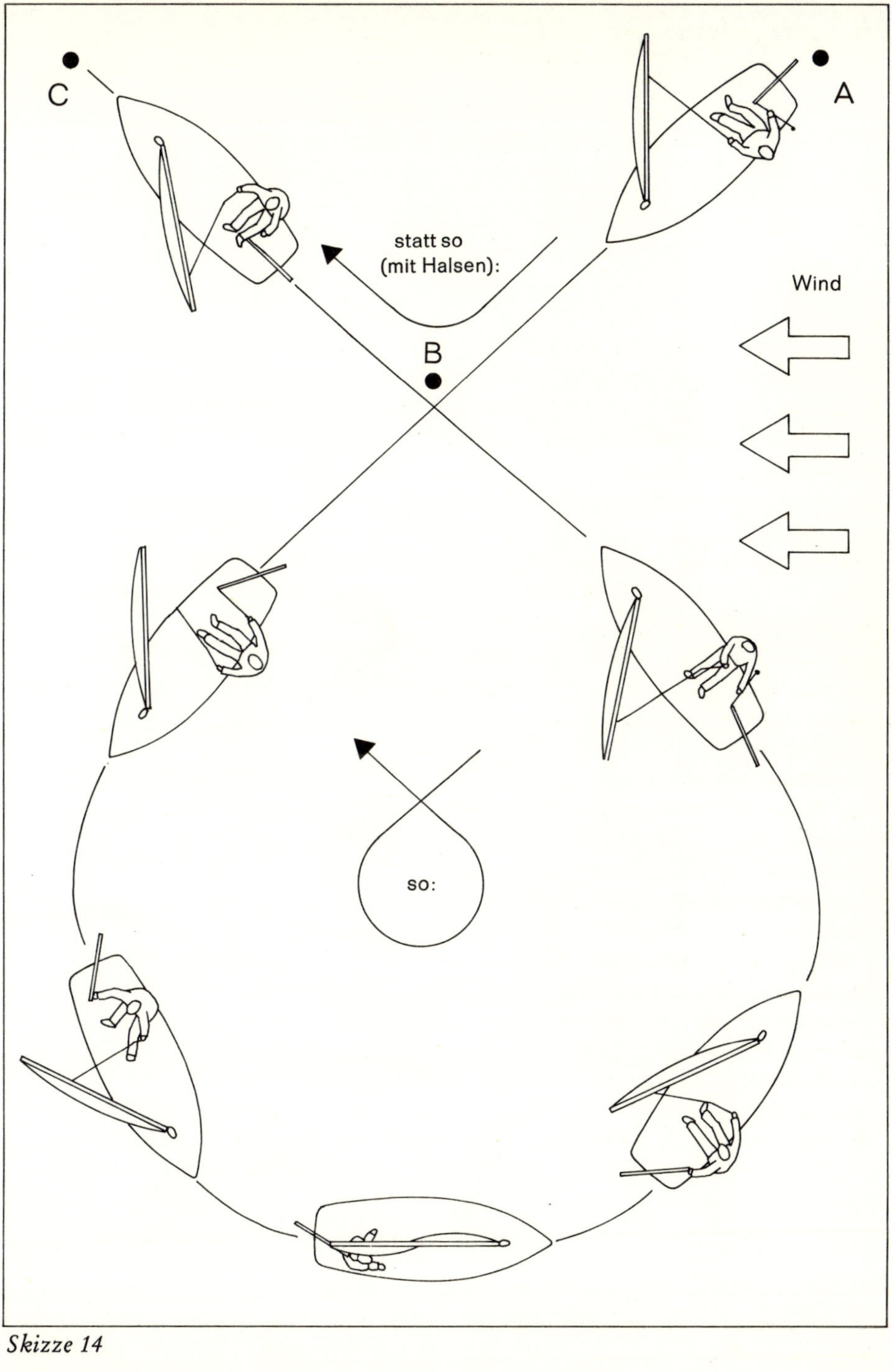


*Skizze 14*

# *Kreuzweise*

Ein Segelboot möchte vom Punkt A zum Punkt B. Just von B nach A aber weht der Wind, und gegen den Wind kann man nicht segeln. Was tut da der Steuermann?

Er kreuzt. Das heißt: Er bewegt sich im Zickzack, wie ein Hase, seinem Ziele zu; fährt schräg zum Wind, macht eine Wende, fährt in der andern Richtung schräg, macht wieder eine Wende usw.

Die Strecke von Wende zu Wende nennt man „Schlag“. Ob es gescheiter ist, wenige Schläge oder mehr zu machen, läßt sich im vorhinein schwer sagen: Viele kurze Schläge kosten Zeit und Mühe, wenige lange können dazu führen, daß man, wenn der Wind sich dreht oder einschläft, bestürzend weit von seinem Ziel entfernt ist. — Das ist das spannende am Segelsport.

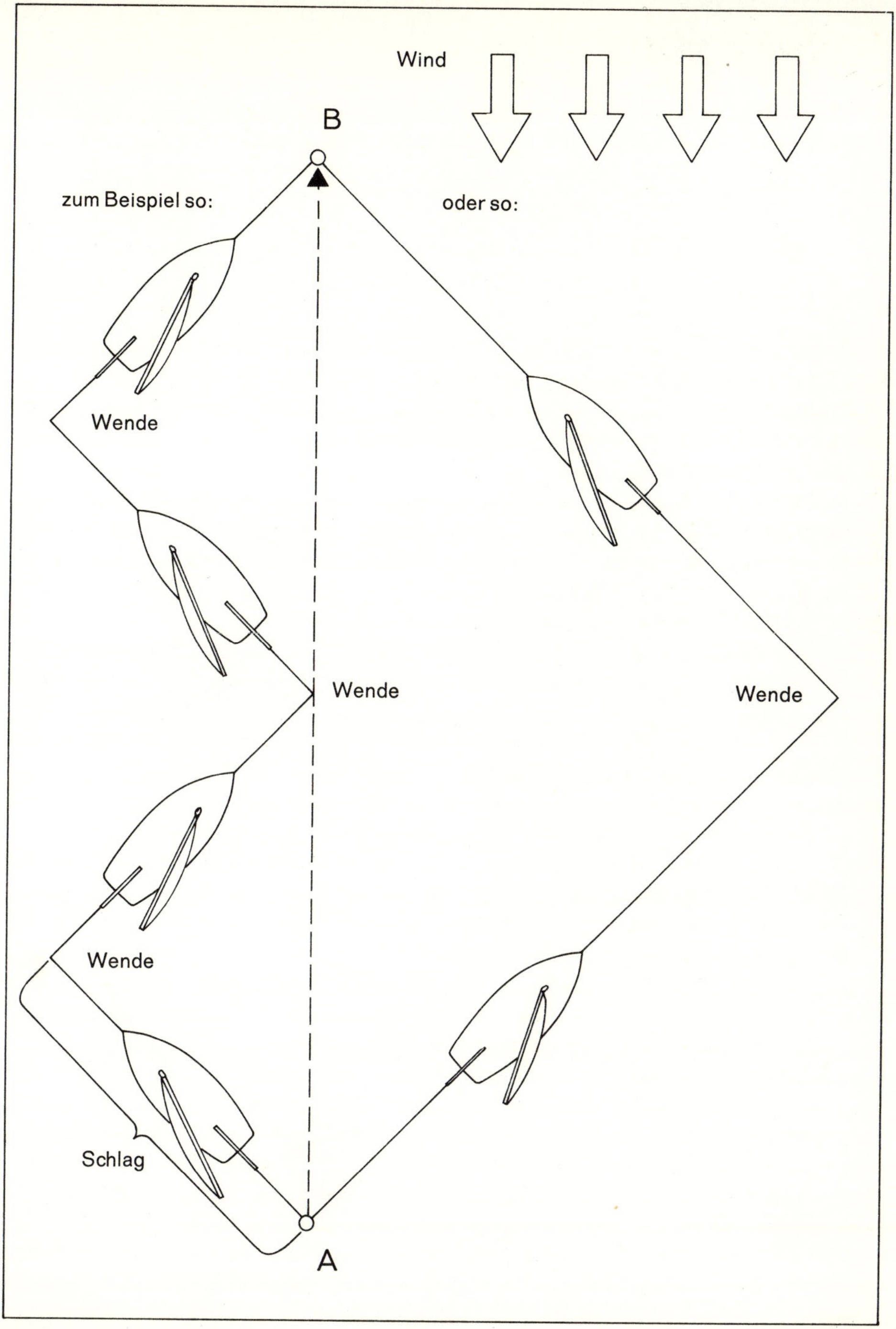
Wind
B
zum Beispiel so:
oder so:
Wende
Wende
Wende
Wende
Schlag
A

*Skizze 15*

# *So liegt man*

Auch das schönste, sagt der Volksmund, geht einmal zuende. Ebenso eine Segelfahrt. Was tut man dann? Dann tut man das Schiff an seinen Liegeplatz.

Ein Liegeplatz ist das, was man als Autofahrer einen Abstell- oder Parkplatz nennen würde. Bloß bei weitem noch schwieriger zu finden.

Es gibt vier Liegemöglichkeiten:

1) Im Hafen, mit Kaimauer oder Steg und sinnvoll in den See gerammten Pflöcken, an denen man sein Schiff vertäut. Das ist mit großem Abstand das praktischste: man kommt trockenen Fußes und ganz ohne Mühe in das Schiff und auch wieder aus ihm heraus.
2) An der Boje. Die Boje ist mithilfe eines schweren Steins, der „Mooring" heißt, am Grund des Sees befestigt und durch eine kräftige Kette mit dem Stein verbunden. Oben an ihr hängt ein Ring, daran bindet man sein Schifflein fest. Dann schaukelt's in den Wellen und dreht sich mit dem Bug zum Wind („schwojen" nennt man das), und man braucht nichts als eine Badehose, um zu ihr zu schwimmen, oder ein kleines Ruderboot, um trocken hinzufahren.
3) An Land am Rand des Sees. Dorthin zieht man sein Boot mit kleiner oder auch größerer Mühe aus dem Wasser, und da läßt man's, bis man wiederkommt.
4) Daheim im Garten oder in der Garage. Das ist etwas unkomfortabel, weil man das Schiff zum Transportieren jedesmal halb zerlegen muß, weil man einen Bootsanhänger braucht und weil man oft auch nicht recht weiß, wo man Boot und Trailer die ganze Woche vor dem Hause lassen soll.

In der Bundesrepublik fahren — man kann die Zahl nur schätzen, weil bloß ein Teil der Sportboote registriert ist — etwa 105 000 Motorboote, 75 000 Segelboote, 165 000 Kanus und Ruderboote und über eine Million Schlauchboote.

Drum ist es an den meisten schöneren Gewässern fast unmöglich, einen Hafen- oder Bojenliegeplatz zu finden. Die professionellen Liegeplatzvermieter sind seit Jahren von Stammkundschaft überlaufen, und nur glückliche Zufälle wie der plötzliche Umzug ganzer liegeplatzbesitzenden Familien ans Steinhuder Meer oder der Unternehmermut eines reichgewordenen Fischers, der einen neuen Hafen baut, können dazu führen, daß man noch ein Liegeplätzchen im Wasser bekommt.

Die an sich vortreffliche Idee, selbst eine Boje zu installieren, ist undurchführbar: Man brauchte dazu die Genehmigung des Seebesitzers (im Regelfall des Staates), und die kriegt man nicht. So kommt es, daß die Preise ziemlich unverschämt sind: ein Bojen- oder Hafenliegeplatz kostet am Starnberger See 400 bis 500 Mark pro Sommer — für eine bescheidene Jolle. Ein übles Geschäft ist das nicht: der Bojeneigentümer muß davon nur 30 Mark im Jahr Pacht an den Freistaat Bayern abführen.

Aber vielleicht hat man, wie wir, ein ziemlich kleines, leichtes Boot, das nur 115 Kilo wiegt. Das kann man — Möglichkeit 3 — am Lande liegenlassen. Natürlich auch nicht irgendwo, denn das wäre verboten, aber auf der Wiese eines seeanliegenden Bauern oder Fischers. Solche Plätze gibt es in größerer Zahl.

Wir haben einen halben Taglang gesucht, unter Berücksichtigung folgender Gesichtspunkte:

a) Der Anfahrtsweg vom Haus zum Liegeplatz soll so gering wie möglich sein.
b) Auch eine ordentliche Zugverbindung wäre angenehm.
c) Badegelegenheit sollte am Liegeplatz bestehen oder zumindest gleich daneben.
d) Liegen soll der Platz nicht an einem Ende des Sees, sondern so, daß sich das Nahrevier sowohl nach links wie auch nach rechts erstreckt.
e) In der Nähe muß es etwas zu essen und zu trinken geben, denn Seefahrt macht Durst und Hunger.
f) Die Anlage darf nicht allzu scheußlich sein, man will vielleicht auch einmal eine Stunde bloß herumsitzen.
g) Kosten soll der Liegeplatz nicht übertrieben viel.
h) Sonstige Verpflichtungen — wie Anmietung eines Zimmers im benachbarten Apartmenthaus, schenkweise Hingabe von 150 DM an den Liegeplatzbesitzer als Ausgleich für entgangenen Rabatt, weil man das Boot nicht bei ihm eingekauft hat — dürfen mit der Platzmiete nicht verbunden sein. (Sie sind es oft.)
i) Eine Bootswerft oder Reparaturwerkstatt soll möglichst in der Nähe sein, die kleinere Schäden beheben kann. Am besten wäre es die Werft, von welcher man sein Boot hat; bei ihr gibt's am sichersten Ersatzteile.
k) Der Zugang zum Wasser soll sich einigermaßen mühelos gestalten.
l) Ein Steg soll da sein, an dem man sein Schiff festmachen kann.

Dann haben wir uns für das Gelände des Herrn Josef Gebhardt entschieden. Der hat ein Haus in Possenhofen — 7 Kilometer südlich Starnberg —, an der Westseite des Sees — und davor eine etwas schlampige, aber idyllische Wiese, auf der mehrere Obstbäume und Schuppen und der Holzhackbock des Hausherrn stehen. Zwischen Wiesenrand und See liegt eine Kiesböschung. Nebenan ist der Dampfersteg, da kann man mit dem Boot an- und ablegen und auch ein paar Stunden stehenbleiben.

Auf der andern Seite haben wir die Bootswerft der Gebrüder Glas, ferner einen Kiosk, der auch warmes Essen hat. Von unserer Wohnung zum Boot sind's 30 Kilometer, für die man eine halbe Stunde braucht; auch die S-Bahn fährt nach Possenhofen. Ins Wasser kommt man auf einer hölzernen Rutsche, die aber im nassen unteren Teil so glitschig ist, daß jedermann, der sie betritt, sofort ins Wasser fällt. Baden und in der Wiese liegen darf man, auch samt mitgebrachten Freunden.

Der Landplatz stellt uns vor die Notwendigkeit, einen Slipwagen zu haben. Das ist ein einfaches Rohrgestell mit zwei Rädern, einem Handgriff und vier hölzernen Auflagen. Ab 120 Mark bekommt man ihn mit Vollgummibereifung (dann läßt er sich kaum schieben), ab 150 luftbereift. Auf dem Wagen liegt das Schiff, und so karrt man es ins Wasser und auch aus demselben. Da das Ufer ansteigend und steinig ist, geht das nicht ohne Kraftanstrengung, aber zu zweit bis dritt bringt man es schon zusammen:

Man schiebt den Wagen mit dem daraufgeladenen Boot so weit ins Wasser, bis der See tief genug ist, das Boot aufschwimmt und der Slipwagen drunter hervorgezogen werden kann. Soll das Boot aus dem Wasser, holt man es so nah ans Ufer, daß der Wagen grade noch darunter paßt, schiebt am Boot, zieht am Wagen, bis das Schiff fest daraufsitzt, und rollt es auf die Wiese. Beide Tätigkeiten sind nur barfuß oder mit Gummistiefeln möglich.

Bezüglich der Preiswürdigkeit des Platzes haben wir unsere Ansprüche etwas reduziert: der Sommer auf der Gebhardtschen Wiese kostet 300 Mark, der Winter noch einmal 100. Eine kleine Kabine, in der man seine Segel, Segelstiefel, das Ölzeug usw., lassen kann, kommt auf 50 Mark im Monat.

Für die 300 Mark erkaufen wir das Recht, unser Boot vom 1. Mai bis zum 31. Oktober in die Wiese zu legen, und haben wir „zu den verkehrsüblichen Zeiten Zugang zum Mietobjekt zu Wasser und zu Lande".

Unter Dach ist das Boot nicht, bewacht oder versichert auch nicht, der Platz ist nicht einmal abgesperrt, nur stellenweise umzäunt. Und der Fischer übernimmt laut Vertrag keine Haftung für Diebstähle oder Beschädigungen. Ich aber bin gehalten, laut Vertragsparagraph sieben, „dem sportlichen Charakter in jeder Hinsicht Rechnung zu tragen" und dafür zu sorgen, daß auch meine Angehörigen oder Begleitpersonen die Anlagen schonen und sauberhalten. Insbesondere verpflichte ich mich, „bei Ausübung des Mietvertrages auf die Betriebsbedürfnisse des Fischers Rücksicht zu nehmen". Und wenn ich von meinem Liegeplatz wegziehen will, muß ich anderthalb Monate vor dem Sommer- beziehungsweise Winterende kündigen; widrigenfalls mein Vertrag weiterläuft.

300 Mark pro Sommer ist nicht wenig, aber am Starnberger See sehr üblich. An Seen, die weiter von der Stadt entfernt sind, liegt man billiger. Am Ammersee zum Beispiel, beim Uttinger Campingplatz, gibt es Liegemöglichkeiten schon ab 130 Mark; allerdings ist der Platz dort von so markanter Scheußlichkeit, daß nur die nackte Not einen dorthin treiben kann.

# *Umgeschmissen*

Kielboote kentern nie, beziehungsweise nur bei größeren Orkanen. Jollen kentern schon, auch ohne allzu triftigen Anlaß.
Man fällt als Segler bei weitem nicht so häufig um wie als Skifahrer, Wellenreiter oder Schlittschuhläufer. Irgendwann aber passiert es doch — wobei „passieren" nicht der rechte Ausdruck ist: es passiert einem nichts dabei.
Erstens kann das Schiff nicht untergehen, weil es mit Schwimmkörpern ausgerüstet ist.
Zweitens ist die Seenot nur gering und bloß von kurzer Dauer: man kann sein Boot ohne große Anstrengung wieder aufstellen — wie die Fotos auf den Seiten 74 und 75 zeigen.
Drittens: Kann man's aus irgendwelchen Gründen nicht, weil man zu ungeschickt oder zu leicht oder das Boot zu schwer ist, dann braucht man immer noch nicht zu verzweifeln: dann klettert man aufs umgekippte Schiff und sitzt darauf in Wind und Sonne, bis ein Retter naht. (Fortschwimmen ist nicht so rätlich: Wind, Wellen und Entfernung bis zum Ufer können sich dem Schwimmer hinderlich entgegenstellen.)
Ein Boot, welches gekentert ist, kann entweder um 90 Grad gedreht im Wasser schwimmen, so daß der Mast auf der Wasseroberfläche liegt, oder es kann sich gleich um 180 Grad herumdrehen; dann ragt der Mast nach unten in die Tiefe statt nach oben. Diese Lage ist die schlechtere, da das Aufrichten nun mühsamer wird und da der Mast bei geringer Wassertiefe, wenn er auf den Grund des Sees stößt und der Schiffskörper von den Wellen herumgehoben wird, beschädigt werden kann. Man kann der 180-Grad-Drehung jedoch dadurch vorbeugen, daß man oben am Mast, mittels eines Netzes, einen Ball befestigt, der der Mastspitze so viel Auftrieb gibt, daß sie nicht versinkt.
Wer die Fotos auf den Seiten 74 und 75 betrachtet, sieht, daß das Aufstellen eines umgefallenen Bootes kein großes Kunststück ist. Die Neuheit der Situation, eine gewisse Aufregung, das kühle Wasser, der versunkene Fotoapparat aber beeinträchtigen die ganz klare Überlegung. Es empfiehlt sich deshalb, daß man das Kentern und das Aufrichten des Schiffs an einem stillen Fleck trainiert — und zwar schon ziemlich zu Beginn der seemännischen Laufbahn, da man ja nie vorher weiß, wann der Ernstfall nun wirklich eintritt.
Man gewinnt dabei noch mehr: nämlich die tröstliche Erkenntnis, daß ein Boot, selbst eine kleine Jolle, weitaus mehr zum Stehenbleiben als zum Umfallen tendiert. Man setzt sich zu zweit auf eine Seite, hängt sich über den Bootsrand hinaus, das Schiff neigt sich ein bißchen. Man legt sich noch weiter, das Schiff neigt sich ein bißchen mehr. Aber es

fällt nicht um. Nun steht man auf, packt den Mast, hängt sich zu zweit hinaus und wippt, der Bootsrand taucht ins Wasser, der See schappt herein, erschrocken weicht der Mann am Mast zurück — schon steht das Schiff wieder aufrecht da.

Schließlich, nach längerem Bemühen, fällt's doch endlich um. Mast und Segel schwimmen auf dem See, ganz friedlich, das Schwert auf der andern Seite steht oberhalb des Wasserspiegels aus dem Bootsbauch. Ziemlich mühelos kann man das Wrack erklettern und sich auf die trockene Schiffsoberkante setzen.

Aufrichten geht dann so:

Man stellt sich, allein oder zu zweit — nachdem man alle Schoten losgemacht hat, damit die Segel den Wassermassen ausweichen können — auf das Schwert (oder hängt sich vom Wasser aus daran), so weit außen wie möglich — es bricht nicht ab — ergreift mit den Händen den obern Bootsrand und lehnt sich nach hinten. Jetzt kommt es nur darauf an, wie schwer man selber und wie schwer das Boot ist. Eine kleinere Jolle wie die unsere steht unter dem Gewicht eines Menschen von zirka 70 Kilo alsbald auf. Sehr intelligente Segler sind imstande, just im richtigen Moment, sobald das Boot sich aufrichtet, vom Schwert über den Bootsrand einzusteigen, ohne Umweg durch das Wasser. Das ist aber nicht wichtig: Wer sein Schiff am Rande festhält oder ein Stück Seil in der Hand hat, dem fährt es auch nicht davon, wenn er im Wasser liegt. Seitlich oder von hintenher krabbelt er in das aufgestellte Schiff.

Hat sich das Schiff ganz herumgedreht und schwimmt mit dem Mast nach unten und dem Schwert nach oben auf dem Wasser, dann sind zwei Arbeitsgänge nötig, dann muß man, außen auf dem Bootsrand stehend, das Schwert ergreifend, sich nach hinten lehnend, das Schiff erst in die 90-Grad-Umfall-Lage bringen.

Je öfter man das treibt, um so virtuoser wird man die Kunst des Aufstellens eines Boots beherrschen. Wobei allerdings zu bedenken ist: Das Training ist vor allem dann empfehlenswert, wenn man ein eigenes Boot besitzt: Bootsvermieter lieben es nicht sehr, wenn man mit ihren Schiffen so experimentiert (obwohl dabei nichts kaputtgeht).

Dann also steht das Boot, und man wird bemerken, daß Wasser drin ist, beim einen Bootstyp viel, beim andern weniger. Das gilt es auszuschöpfen, mit einem vorsichtshalber mitgebrachten Eimer (der auf seemännisch „Pütz“ genannt wird), mit den Händen, mit einem Schwamm. Falls das Boot Lenzventile hat, macht man die auf segelt weiter; dann läuft das Wasser beim Fahren aus.

Wir hatten die Kenterei mehrmals mit schönem Erfolg geprobt, zur Unterhaltung, wenn gerad kein Wind ging.

Eines Tags wehte es dann heftiger. Ich war mit Sohn Andi auf dem See, wir entschlossen uns zu einer Halse, und bei der Gelegenheit kippten wir um. Von diesem Fall las man schon auf der Seite 59. Der Mast senkte sich tief und tiefer, Wasser spülte über die Bordwand, und das Schiff fiel um, nicht schnell, aber unaufhaltsam, und wir fielen nach. Besondere Preziosen hatten wir nicht dabei, nicht einmal Stiefel und Pullover — wir fuhren in der Badehose —, die Paddel rutschten in das Wasser, Andi ergriff sie, ich das Boot, und nun machten wir zwei Fehler, die man bei tieferem Nachdenken wohl hätte vermeiden können:

Erstens: Ich vergaß, das Boot so herumzudrehen, daß es nach dem Aufstehen gegen den Wind gestanden hätte; da wir bei Flaute geübt hatten, hatte sich diese Notwendigkeit nie ergeben. Nun aber fing sich der Wind am Rumpf und drehte das Boot so, daß der Mast in den Wind zeigte.

Zweitens: Sohn Andi schwamm eilends zehn Meter weg vom Boot, weil er sich — späteren Aussagen zufolge — dachte: Wer weiß, womöglich fällt das nun gleich nach der andern Seite wieder um, dann erschlägt mich der Mast.

Ich kletterte aufs Schwert, ergriff den Bootsrand, legte mein Gewicht nach hinten, und das Schiff stand auf, wie wir's ihm beigebracht hatten. Ich stieg ein. Wind wehte, nicht unmäßig, aber fühlbar, von der Seite. Zwar waren die Segel lose, trotzdem aber fing sich der Wind in ihnen, das Boot drehte sich und trieb, wenn auch langsam, ab. Andi schrie: „He, halt!“, aber da war im Augenblick nicht viel zu machen. Die Fock hatte sich um das vordere Drahtseil (Vorstag) gewickelt, der Baum war aus seiner Befestigung am Mast gefallen (er steckt da nämlich nur und wird nicht arretiert) und war, mit dem windgeblähten Segel dran, auch nicht so schnell wieder hineinzubringen. So schwamm das Schiff mit mir davon, und Andi, die zwei Paddel in den Händen, hinterher.

Nun, ich nahm die Segel herunter, drehte das Boot in den Wind, und schließlich war auch der Sohn Andi wieder an Bord. Es bestand auch keine größere Gefahr: der See war warm, der Wellengang gering, andere Boote kreuzten nicht weit — enthielten sich aber der unerbetenen Hilfeleistung. Segler sind diskret. Sie finden es zwar lustig, wenn ein anderer ins Wasser fällt, aber sie kommen nicht herbei, um uns neugierig anzustaunen, wie das bei Landunfällen üblich ist. Sie lächeln still und tun taktvoll so, als ob wir zum Spaß gekentert wären, spitzen nur das eine oder andre Ohr, um zu hören, wenn wir um Hilfe schreien. Wir tun das nicht, sondern fahren weiter. Erst als das Boot längst wieder steht und wir bemüht sind, unsere Leinen zu sortieren und

*Sportliches Segeln kann zu schönen Fotos führen.*

*Oder auch dazu, daß man kentert.*

*Hier ist zu sehen: Es sitzt sich weder schlecht noch unbequem auf einer umgekippten Jolle. Und: es ist leicht, solch ein Schiff wieder aufzurichten. Man stellt sich auf den Bootsrand, auf die Scheuerleiste, ergreift das Schwert, legt das eigene Gewicht nach hinten, und schon drehen sich Mast und Segel um 90 Grad zur Wasseroberfläche. Jetzt klettert man aufs Schwert, faßt den Bootsrand oben, lehnt sich noch einmal zurück — und ist gerettet.*

*Jollenkreuzer Fam für die Familie. Er ist nicht nur unsink-, sondern auch nahezu unkenterbar.*

das Vorsegel vom Drahtseil abzuwickeln, kommt das erste fremde Segelschiff, ganz zufällig, in 20 Meter Entfernung an uns vorbei.

Zugeschaut haben sie uns natürlich heimlich doch. Und vielleicht haben sie, wie wir, aus unseren Fehlern folgendes gelernt:

Erstens: Man sollte Umfallen und Aufrichten des Boots nicht nur bei Flaute, sondern auch hier und da bei kräftigeren Winden üben.

Zweitens: Das Boot muß, ehe man es aufstellt, mit der Nase gegen die Windrichtung gedreht werden. Das geht, wenn man sowieso schon im Wasser schwimmt, ganz leicht.

Drittens: Ob sich der Baum vom Mast gelöst hat oder das Vorsegel wo herumgewickelt hat, sieht man auch vom Wasser aus, und vom Wasser aus kann man's auch gleich wieder in Ordnung bringen. Dann fährt sich's hinterher um so leichter weiter.

Viertens: Die Mitglieder der Besatzung sollen sich am Boot festhalten, einer beispielsweise vorn am Bug, dort kann er, während der Steuermann einsteigt und sich um Schoten, Fock etc. kümmert, dafür sorgen, daß das Boot im Winde stehenbleibt. Überdies ist dann garantiert, daß er nicht verlorengeht.

# *Schwimmwesten & andere*

Schwimmwesten, sagt einem jeder Fach- und Rettungsmann, müssen vorhanden sein an Bord, eine pro Kopf der Besatzung. Und nicht nur das: bei heftigerem Wind, bei ungeschicktem Steuermann oder wenn immer sonst Gefahr besteht, daß das Schiff umfällt oder jemand über Bord geht, dann sollen die Schwimmwesten auch angezogen werden.

Als Binnenmensch sieht man das nicht ganz ohne Mühe ein. Erstens, sagt man sich, kann ich ja schwimmen, und zwar kilometerweit, wenn's sein muß; zweitens fallen Segelschiffe nicht wie ein Haus, sondern sehr sachte um, so daß kaum zu besorgen ist, daß man vom Mast erschlagen wird. Drittens: Auch wenn man zufällig beim Umfallen unter das Segel kommt, ist nichts leichter, als unter demselben wieder hervorzutauchen. Viertens soll man sowieso beim Boot bleiben, das geht nicht unter, auf das kann man sogar klettern. Fünftens ist eine Schwimmweste unkleidsam. Sechstens unbequem. Siebstens kann man mit der Weste nicht etwa besser schwimmen, sondern schlechter, weil sie einen bei der Armbewegung behindert.

Das alles mag wohl stimmen. Die Fälle jedoch, in denen halbe Segelbootbesatzungen ertrinken; rauhe Winde, die das Schwimmen arg erschweren; die Neigung des Menschen, Entfernungen auf dem Wasser zu unterschätzen; die Kälte unter Umständen des Wassers; Kinder und Schlechtschwimmer an Bord — das alles spricht doch für die Weste.

Es gibt zwei Schwimmwestentypen: die ohnmachtsicheren und die nicht ohnmachtsicheren. Die ohnmachtsicheren sind so gebaut, daß sie ihren Träger, auch wenn er nicht mit den Armen schlenkert, so halten, daß sein Kopf aus dem Wasser ragt. — Die anderen tun mehr das Gegenteil: mithilfe von Rückenauftriebskörpern drehen sie ihn auf den Bauch und tauchen sein Gesicht ins Wasser.

Auch die ohnmachtsunsicheren sind nicht ganz nutzlos: es wird schon nicht jeder, der ins Wasser fällt, dabei gleich die Besinnung verlieren; und wer sich noch bewegen kann, dem ist auch mit solch einer Weste schon geholfen: er kann nicht untergehen. Wer aber, halberfroren, dreiviertels erschöpft, doch vom Mast getroffen im Wasser liegt, der hat von diesen Schwimmwesten wenig. Unwiderstehlich drehen sie ihn herum, und nur das Bergungspersonal ist froh: denn die Wasserleiche treibt dank der Schwimmweste gut sichtbar auf der Seeoberfläche und braucht bloß herausgefischt zu werden.

Die sicheren Schwimmwesten, die den Kopf aus dem Wasser halten, haben die Auftriebskörper an den Schultern und vorne, an der Brust, nicht aber auf dem Buckel. Daran kann man sie erkennen.

Die Preise noch: Eine ordentliche Schwimmweste kostet um die 50 Mark. Modisch nettere Ausführungen bestehen in der Kombination der Weste mit der Öljacke: der aufblasbare Schwimmeinsatz ist diskret unter der Ölhaut verborgen. Preis leider: 220 Mark und mehr.

# *Der gutgekleidete Seemann*

In der Bucht von Pinarello, auf der an sich schönen Insel Korsika, wo sich ein Freikörperstrand befindet, pflegt man nackt zu segeln.

Strenge Segelschulen schreiben in Erinnerung an Zeiten, da Segeln noch ein exklusiver Sport war, vor:

„Anzug: Segelmäßig, sportlich, grundsätzlich weiß. . . .

Für Reinschiff und kältere Tage: Blaue Hose."

Wer nicht so zum Extremen neigt, wird sein Gewand im breiten modischen Bereich zwischen völliger Nudität und segelsportlich weißen Hosen auswählen.

Leider ist diese Wahl nicht ganz so leicht, wie man sich denkt: Wer seine wassersportliche Laufbahn als Brustschwimmer begonnen hat, der neigt dazu, die Badehose auch zum Segeln anzuziehen; die aber hat, wenn man so sagen kann: ihre Grenzen: ist es warm genug, daß man sich im Bikini auf dem Schiff wohlfühlt, dann weht meistens kein Wind oder fast keiner, also ist es mit dem Segeln nicht weither. — Weht aber Wind, dann ist es häufig zugleich kalt oder zumindest kühl, dann braucht man bei weitem mehr als eine Badehose, zum Beispiel einen Pullover und Jeans. Wenn man dann aber noch in einer Jolle sitzt, dann spritzt, just unter diesen windigen Verhältnissen, Wasser ins Boot, Wellen kommen über, die einen von Hals bis Fuß befeuchten, und dann wirken sich lange Hosen und Pullover wie naßkalte Umschläge aus. Gegen Jeans spricht in unserm speziellen Fall auch noch, daß wir das Schiff auf dem Slipwagen nur schwer ins Wasser — und niemals heraus — bringen, ohne mindestens bis zu den Knien im Starnberger See zu waten.

Darum haben wir uns Ölzeug angeschafft, gelboranges, luft- und wasserdichtes, durch das kein Wind weht und kein Regen dringt. Die Hose hat einen Brustlatz und reicht bis knapp unter die Achseln, unterm Jackenkragen verbirgt sich eine einrollbare Kapuze. Für richtig kaltes oder Regenwetter ist dieses Kostüm äußerst angenehm, scheint allerdings die Sonne drauf, so erzielt man darunter eine Art Treibhauseffekt.

Für ganz scheußliche Wetterlagen gibt es Segleranzüge aus Nyloshark, Nyl-Barbade, Trixavil, Binil und ähnlich chemischen Textilien, schwarz, dunkelblau oder orange, eng anliegend von den Füßen bis zum Schlüsselbein, wie Taucheranzüge. Sie sind zum Eissegeln wahrscheinlich wunderbar, für durchschnittliche Segeltage um ein Vielfaches zu heiß.

In einer Jolle steht auch bisweilen Wasser. Hat man eine automatische Lenzvorrichtung, dann läuft dieses Wasser wieder ab; hat man keine, muß man es sonstwie entfernen. Bis man es entfernt hat, steht man mit den Füßen drin. Barfüße bewähren sich in dieser Situation hervorragend, solang es warm ist; bei geringeren Temperaturen sind Gummistiefel angezeigt. Turnschuhe — möglichst keine, die schwarze Sohlen haben, weil diese Sohlen Streifen auf dem Boot hinterlassen, und auch nicht profilbesohlte: in den Rillen verklemmen sich Steinchen und zerkratzen das schöne Schiff —, Turn- oder Tennisschuhe eignen sich für Boote ab Jollenkreuzer, auf Jollen sind sie alsbald völlig durchnäßt.

Wenn man eine große Kielyacht hat oder auch nur einen Jollenkreuzer (siehe Kapitel „Großes Schiff — kleines Schiff“), dann ist die Bekleidungsfrage kein allzu schwieriges Problem: das Schiff betritt man, vom Steg oder vom Beiboot aus, trockenen Fußes, Wasser bespritzt einen kaum. Der Yachtkapitän darf sich kleiden wie ein Kurgast oder Landspaziergänger bei Wind.

Die Öljacke kann man sich sparen, wenn man einen ordentlichen Anorak besitzt, wobei schon dünne (aber winddichte) Schneehemdqualität zum Preis von zirka 25 DM hinreicht.

Die Ölhose kann man sich schwerer sparen. Sie kostet in Jollensegler-Latzausführung zirka 75 Mark. Hosen ohne Latz, mit einem Gummibund am Bauch, sind billiger, allerdings nicht sinnvoll: da sucht sich das Wasser seine Wege zwischen Anorak und Bund — auf Jollen.

Für ein Paar Spezial-Seglerstiefel zahlt man 35 Mark und mehr. Nicht ganz so sportlich-elegant, aber genauso brauchbar sind schlichte Gummischuhe, wie sie der Gärtner trägt oder der Bauer auf dem Acker; sie bekommt man schon fürs halbe Geld.

Falls jemand Haare hat, die nicht naßwerden dürfen, braucht er auch noch eine Mütze. In dunkelblauer Rentnerform mit Schild und nautischen Symbolen drauf trägt sie der Segelmensch am liebsten. Schon für 25 Mark gibt es die herrlichsten Modelle, die, solang man sich unter echten Seglern befindet, auch kaum albern wirken: fast jeder hat soetwas auf dem Kopf.

# *Dazugekauft*

Das Segelboot, so wie man's einkauft und wie's in der Preisliste steht, ist „segelfertig ausgerüstet". Was zur Serienausstattung gehört, darüber sind die Meinungen von Werft zu Werft geteilt: Hier sind Ausreitgurte und Trapez inklusive, da ein Stechpaddel, da die Kajütenpolsterung, dort nichts von alledem. Stets sind dabei: Mast, Großbaum, die notwendigen Drahtseile und Leinen, das Steuerruder und die Segel. Das genügt im Prinzip zum Segeln; Verschiedenes aber braucht man außerdem, das kauft man sich dazu:

Eine PERSENNING beispielsweise. Das ist eine Abdeckplane, die das Boot vor Regen, Schmutz und Kindern schützt. Sogar Diebe hält sie ab; Diebe nämlich sind meist faule Menschen und stehlen lieber das, was offen daliegt, als Dinge, die sie erst auspacken müssen. Die Persenning — meist schön blau aus imprägniertem Baumwollegewebe, Nylon, Trevira und dergleichen angefertigt — gibt es für jeden Bootstyp maßgeschneidert, mit Reißverschlüssen, Mast- und Stag- und Wantenausschnitt für 250, 300, 350 Mark und mehr. Auch Spezialhüllen für den Baum (ums aufgerollte Segel rum) und für den Hilfsmotor kann man sich kaufen; oder selber nähen. Man kann auf die Persenning auch verzichten und den Schmutz hier und da abwischen; auch das bringt ein Segelboot nicht um, besonders dann nicht, wenn's aus Kunststoff ist.

Ein Stechpaddel, noch besser 2 Stück —- falls man einmal rudern muß, und für kleine Lageänderungen am Steg. Solch ein Paddel kostet 20 Mark.

AUSREITGURTE, am Bootsboden festgemacht, von hinten nach vorne laufend, dienen dem Jollensegler dazu, daß er die Füße einhängt und so, wenn er sich gegen den Wind nach hinten lehnt, nicht gleich ins Wasser fällt. Meter 1,50 bis 3 Mark. Dazu kommen die Befestigungsteile, so daß man für die Gurteinrichtung insgesamt mit zirka 25 Mark zu rechnen hat.

Ein TRAPEZ ist noch sportlicher, mit seiner Hilfe kann man sich, angegurtet auf dem Bootsrand stehend, weit über Bord hinauslehnen, um die Krängung (das Schiefstehen) des Bootes auszugleichen. Preis: ab zirka 100 Mark.

BESCHLÄGE gibt es stets in noch feinerer Ausführung, als die eigene Werft sie verwendet hat, schönere Ösen, bessere Klemmen und so weiter; sie sind ein weites Investitionsfeld für den Segelbootsbesitzer.

SEESÄCKE. Auf größeren Schiffen mit Kajüte kann man seine Sachen verhältnismäßig trocken unterbringen. Wer eine Jolle fährt, der kann das nicht und braucht Behältnisse für Fotoapparate, zweite Pullover, Handtücher etc., die wasserdicht sind.

Plastiktüten aus dem Supermarkt sind — da leicht verletzlich — nur bedingt geeignet. Aber im Sportgeschäft gibt es herrliche Taschen, aufblasbare, mit Rollverschluß, mit Klettverschluß, mit mächtigem Reißverschluß versehene, die fast allen Ansprüchen genügen — insbesondere die teureren. Man zahlt für eine Tasche 20 bis 150 Mark.
Um aus dem Wasser, nach dem Baden, in das Boot zu kommen, zieht man sich am Heckrand hoch und klettert rein. An hochgebauten Schiffen und für gebrechliche Personen empfiehlt sich dazu eine BADELEITER, wobei zu bedenken ist, daß hohe Bootshöhe und Gebrechlichkeit der Crew häufig gemeinsam auftreten. So eine Leiter, aus Stahlrohr, Aluminium, Mahagoni oder mit Plastik überzogen, kann 70 Mark und auch mehr als 250 kosten. Billiger, wenn auch unbequemer sind Strickleitern aus Perlonseil; die bekommt man um 15 bis 20 Mark.

*

Sehr eindrucksvoll ist die Lektüre der Ersatzteillisten, die man vorsorglich beim Bootskauf mitbekommt. Sie führen zu überaus pfleglicher Schiffsbehandlung; denn die Preise sind nicht die billigsten, was folgende Beispiele — die unsere Jolle betreffen — zeigen:

| | |
|---|---|
| Schwert komplett | 85,— DM |
| Großsegel | 330,— DM |
| Großfall | 18,50 DM |
| Mast | 469,— DM |
| Baum | 137,— DM |
| Steuerruder samt Pinne | 139,— DM |
| Pinne allein | 35,— DM |

Und so weiter.

# *Wir können segeln*

Es ist wunderbar, wie schnell sich der Mensch entwickelt.
Schon nach dem dritten zweistündigen Versuch — wobei wir abwechselnd an der Pinne saßen — haben wir den Eindruck: Jetzt können wir's. Segeln ist gar nicht so schwer. Auch Frau und Kind sind schon imstande, ohne meinen Schutz, allein zu fahren.
Ein langsamer Wind weht sie hinaus, ein Stück in Richtung Roseninsel, dann biegen sie links ab, mehr zur Seemitte hin, eine Wende folgt und glückt, das Segel steht nun auf der andern Seite; dann verschwinden sie in der Ferne.
Ich fahre mit dem Auto nach Starnberg. Dort ist der Bayerische Yacht-Club E. V. Vielleicht werde ich inzwischen Mitglied. — Ja, sagt der Herr dort, das ginge schon, grade, wo ich bloß ein kleines Schifflein habe — denn der Platz ist etwas knapp.
„Und wieviel, bitte, kostet das?", erkundige ich mich.
Der Herr nimmt einen Zettel und schreibt Zahlen drauf, dazu murmelt er: Aufnahmegebühr, der Jahresbeitrag, dann eine einmalige Gebühr. Das zählt er zusammen und kommt auf fast 2000 Mark.
Ich sage dankeschön, und ich werd's mir noch überlegen.
Als ich zurückkomme, sind auch die beiden andern mit dem Schiff schon wieder da. Eben holen sie das Segel herunter, dann ergreifen sie die Ruder und fahren zum Steg. (Segelndes Anlegen lernen wir ja erst später.)
Es war sehr schön, erfahre ich, und gar nichts ist passiert. Mal sei Steffi, mal meine Frau Steuermann gewesen, ein paarmal haben sie gewendet, einmal sogar gehalst, dann war ein bißchen Flaute, schließlich aber neuer Wind, und der habe sie wieder heimgetrieben. Gottseidank.
Wir sind alle recht stolz und finden: Im Prinzip geht's schon großartig, der restliche Weg bis zur überlegenen Segeleleganz ist eine Frage der Übung, und die werden wir im Lauf der Zeit genugsam haben.
Manchmal besucht uns jemand, der gehört hat, daß wir ein Segelboot besitzen. Der darf dann auch ein bißchen an das Steuer.
„Wenn du die Pinne rechts tust", lehre ich meinen Schülern, „fährt das Schiff nach links; schiebst du sie links, dann fährst du rechts herum. Das Segel hältst du an der Schnur und ziehst es so weit an, daß es nicht flattert. Und wenn ich „auslassen" schreie, läßt du die Schnur einfach los."
Das macht den Gästen Spaß. Gemütlich fahren wir auf dem See spazieren, und alle sagen, sie hätten gedacht, Segeln sei viel schwieriger.

# *Der Mann an der Fock*

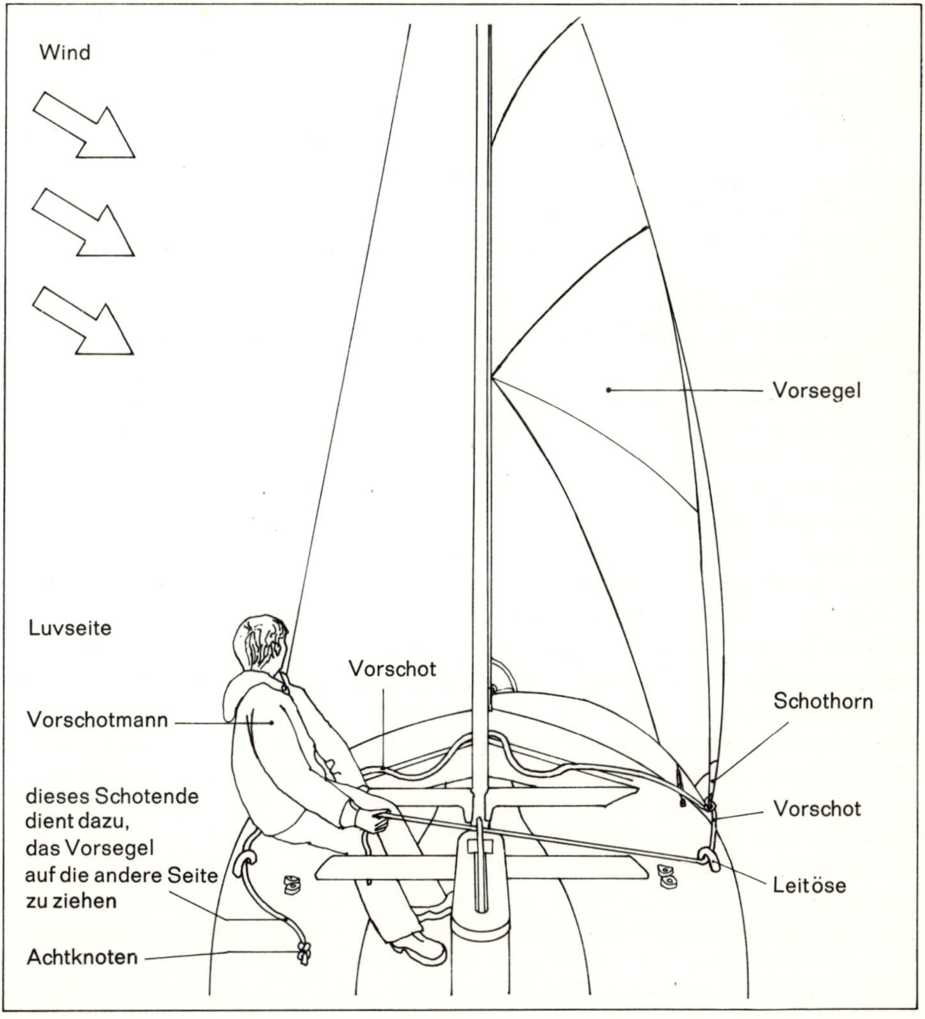


*Skizze 16*

Auch das Vorsegel, die Fock verwenden wir nun schon längst. Sie ist, obzwar verhältnismäßig klein, nicht ohne Bedeutung und steigert die Geschwindigkeit des Schiffes sehr. Man kann das leicht im Selbstversuch probieren: fährt ein Stück mit dem Großsegel allein und zieht dann — was sehr schnell und einfach geht — die Fock hinauf: das beschleunigt, als ob man im Auto vom vierten in den dritten Gang geschaltet und kräftig gasgegeben hätte.

Mit einem Seil zieht man das Vorsegel den Mast hinauf; das Seil („Fockfall" genannt) läuft oben über eine Rolle, ihr unteres freies Ende wird an einer Klampe angemacht. Das Vorsegel ist vorn mit einem Schäkel am vorderen Beschlag befestigt, an seinem hinteren unteren Ende, am „Schothorn", ist ein Loch, durch dieses Loch läuft ein dickes Seil, die „Vorschot", und dieses Seil hat zwei Enden. Das eine geht links, das andre rechts am Mast vorbei. Jedes Ende läuft ein Stück hinter dem Mast am Außenrand des Bootes über eine Rolle. Eins der beiden Seilenden hält man jeweils in der Hand, das linke, wenn das Segel links, das rechte, wenn's rechts stehen soll.

Man — das ist der Vorschotmann. Seine Aufgabe besteht darin, dafür zu sorgen, daß auch die Fock stets richtig zum Winde steht, nicht flattert, aber auch nicht zu dicht herangezogen wird; sie soll parallel zum Hauptsegel gehalten werden. Auch beim Wenden und beim Halsen wird der Vorschotmann benötigt: er wartet, bis kein Wind mehr auf sein Segel trifft, bis die Fock einfällt, dann zieht er sie auf die neue Seite.

So ist auch der zweite Mann an Bord gutbeschäftigt. Da er sich, wie gesagt, nach der Stellung des Großsegels richtet, braucht er kein größeres Talent zu sein, wenigstens nicht beim Sonntagssegeln; auf Regatten ist er von ungeheurer Wichtigkeit und ein überaus fähiger Mensch. So aber, beim Spazierenfahren, lehrt unsere Beobachtung, eignet sich zum Festhalten des Vorsegels auch ein ganz nagelneuer Anfänger, notfalls sogar ein ziemlich unintelligenter. Der Steuermann braucht ihm bloß zu sagen, ob er seine Schot locker lassen oder anziehen soll; das kann fast jeder.

Außerdem fällt ihm die Aufgabe zu, für die richtige Verteilung des Ballasts im Boot zu sorgen, bei nur zarten Winden auf der Leeseite zu sitzen, als Ausgleich für das Gewicht des Steuermanns, und sich bei auffrischenden Lüften auf dem Luvrand sitzend mit dem Kapitän der Kraft des Windes und der Böen entgegenzustemmen. Leichte Boote, wie es Jollen sind, reagieren auf solche Ballastumschichtung überaus sensibel.

# *Der Mann über Bord*

Das ist uns schon in einem frühen Stadium unserer Segellaufbahn passiert: Sohn Andi saß vorn auf dem Vordeck, wo es ein wenig glitschig war; er hielt sich nicht fest, eine Bö neigte unser Boot zur Seite, und Andi rutschte in das Wasser.

Ich saß an der Pinne. „Halt!“, rief meine Frau, „der Andi!“ —

Der Wind kam von schräg vorn, ich schob die Pinne weit von mir, ließ die Schot los, das Boot drehte sich, bis in den Gegenwind, ich stellte die Pinne grad, das Boot lief aus, wiegte sich ein wenig, aber stand.

„Komm Andi“, riefen wir, „schwimm wieder her!“

Der tat das und kletterte nach kurzem in das Boot. Ich bin fest überzeugt: sicherer und schneller hätten wir ihn auf keine andere Art wieder an Bord bekommen.

Aber: Was wir machten, ist kein Mannüberbordmanöver, sondern gar nichts. Das gilt nicht, und wer bei einer Segelprüfung so verführe, wäre bereits durchgefallen.

Denn nicht der über Bord Gefallene schwimmt auf das Schiff zu, sondern das Schiff begibt sich zu ihm — wahrscheinlich aus ganz gutem Grund: er könnte ja verletzt sein oder nicht gut schwimmen können oder von den Wellen am Hinterherschwimmen gehindert werden.

Es kommt nicht allzu häufig vor, daß plötzlich jemand aus dem Schiff fällt; hin und wieder aber doch, und darum muß man für dieses Vorkommnis gerüstet sein. Darum gehört „Mann über Bord“ zum Standardrepertoire der Segelkunst, und man sollte das Manöver hin und wieder üben. Es müssen keine Söhne sein, die dabei im Wasser liegen: mit einem Ball, einer Schwimmweste, einem Stück Holz geht es genauso gut. Das Manöver besteht darin, daß das Schiff sogleich umkehrt und in einem Bogen, möglichst schnell, dahin fährt, wo es seinen Mann verloren hat. Der Mann aber soll bleiben, wo er ist, damit der Steuermann besser auf ihn zielen kann. Um dem Mann das Bleiben zu erleichtern, kann man ihm bei Bedarf eine Schwimmweste, einen Rettungsring oder dergleichen zuwerfen.

Nehmen wir an, das Boot segelt am Wind (mit einem Wind also, der schräg von vorne kommt) oder mit Seitenwind. Nun müßte es einen Kreis beschreiben, etwa so, wie ihn die Skizze zeigt:

Es wird abgefallen. Der Steuermann zieht die Pinne an sich heran, bis der Wind von hinten kommt, dann dreht das Boot sich weiter, die Windseite wechselt, das Segel stellt sich auf die neue Seite — man weiß: das ist eine Halse —, das Boot fährt nunmehr quer zum Wind, bis es den Mann, in vier, fünf Bootslängen Abstand, passiert hat, dann dreht sich's in den Wind, schießt auf und bleibt da stehen, wo der Über-

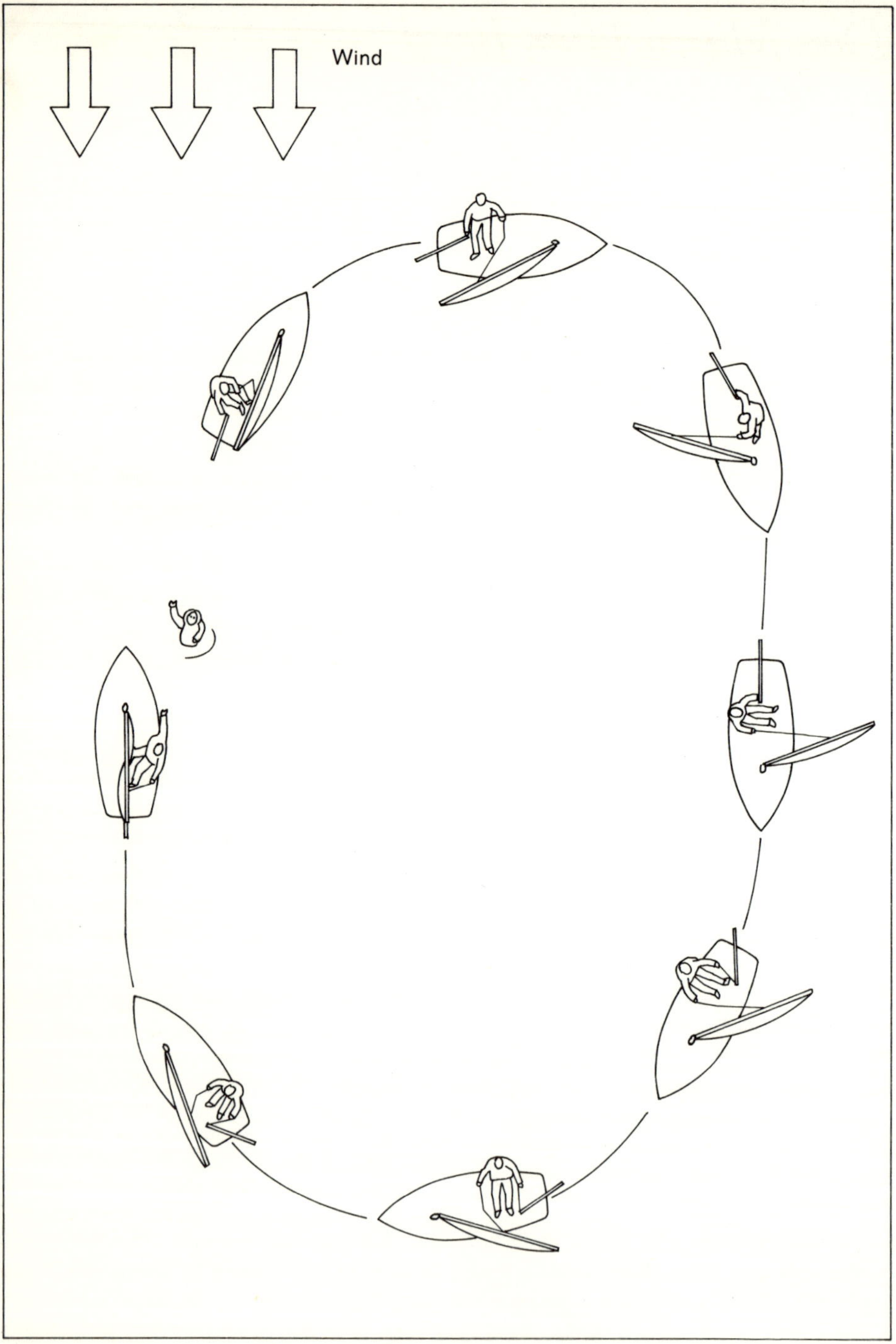


*Skizze 17*

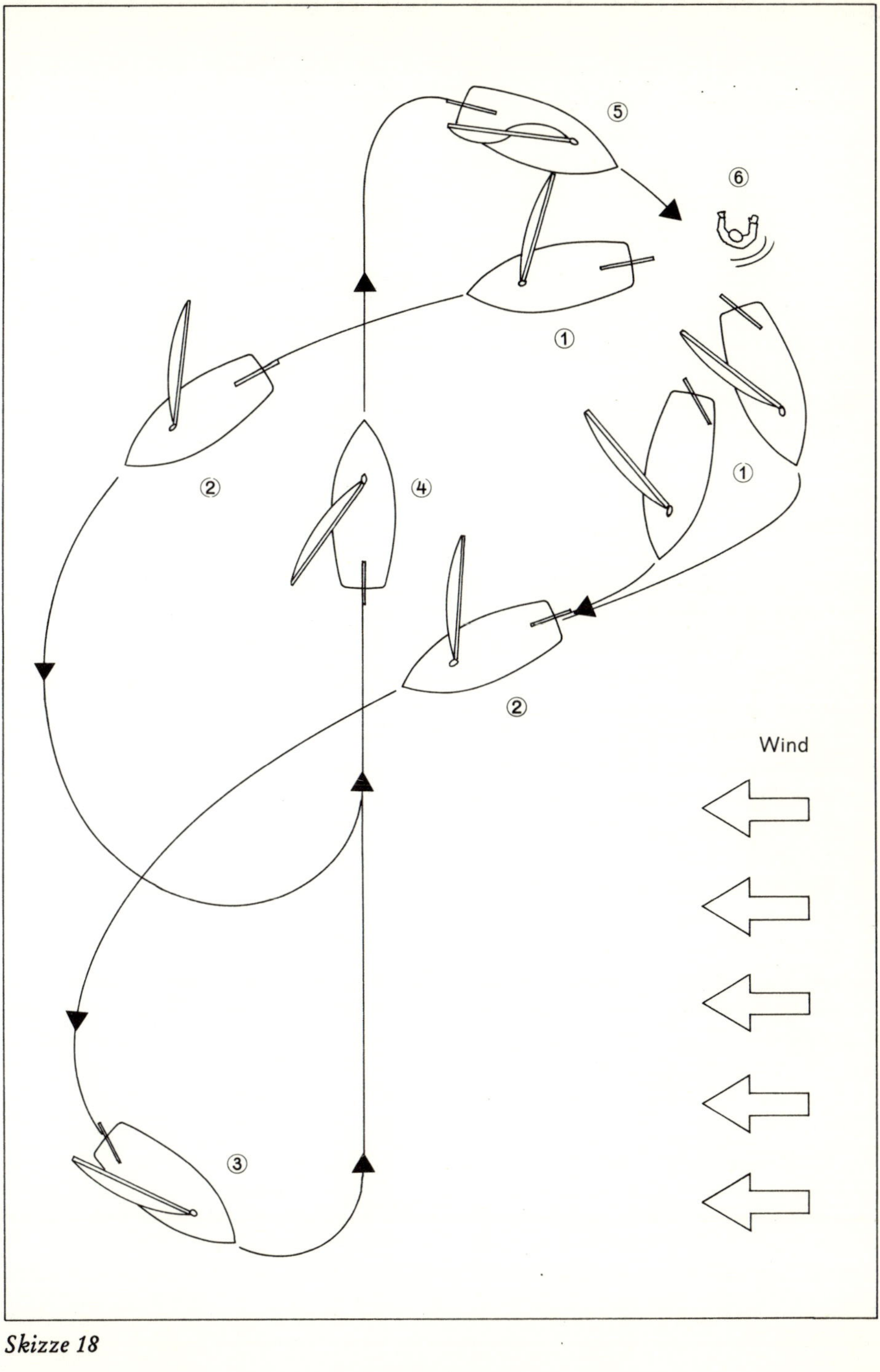


*Skizze 18*

bordmann im Wasser liegt. Das ist die schnellste Methode, vorausgesetzt, das Manöver funktioniert.

Nun aber weht vermutlich ein nicht ganz schwacher Wind — drum ist der Mann ja in den See gefallen —, und dabei ist die Halse bekanntlich nicht sonderlich empfehlenswert. Der Zeitpunkt für nautische Experimente wäre schlecht gewählt, deshalb fährt der nur mäßig gewandte, aber vorsichtige Kapitän nach folgendem Rezept zu seinem Mann:

Auf welchem Kurs er sich auch immer grad bewegt, ob am oder mit halbem Wind, die folgende Gebrauchsanweisung gilt für alle Fälle:

1. Man begibt sich sofort auf „Raumwindkurs“, auf einen Kurs, auf dem der Wind das Boot von schräg hinten trifft. Das geschieht durch „Abfallen“, dadurch, daß der Steuermann (der auf der Luvseite sitzt) die Pinne zu sich heranzieht. (Falls man bereits Raumwindkurs fuhr, entfällt der erste Arbeitsgang.)
2. Auf diesem Kurs fährt man ein Stück Wegs, so lang, bis man sich ungefähr 5 oder 6 Bootslängen hinter dem Mann im Wasser befindet.
3. Und jetzt folgt statt der riskanten Halse eine gefahrenlose Kuhwende — die man von Seite 62 her kennt.
4. Wieder fährt man, zirka drei Bootslängen hinter dem Mann, quer zum Wind,
5. und wieder folgt der Aufschießer, der möglichst genau da enden sollte, wo der Mann im Wasser liegt.
6. Der Mann wird an Bord geholt; bei kleinen Jollen klettert er am besten am Heck ins Schiff; damit vermeidet man am sichersten, daß nun auch noch das ganze Schiff umfällt.

# *Ab und an (legen)*

Zu den schwierigsten Problemen, mit denen Autofahrschüler zu kämpfen haben, zählen das bekannte Anfahren am Berg und das Rückwärtseinparken in eine Lücke. Auch zuwasser gibt es ähnliche Aufgaben. Man nennt sie „An- und Ablegen".

Man kann sich beides sparen — so wie wir am Anfang —, indem man vor dem Anlegen die Segel herunterholt und das letzte Wegstück rudernd oder mit dem Hilfsmotor zurückgelegt und indem man sein Schiff, eh man die Segel setzt, mit Paddel- oder Motorhilfe in Respektsentfernung von Ufer, Steg und von an Bojen liegenden Schiffen befördert. Die allersportlichste Methode ist das nicht, aber die sicherste. Doch der Mensch strebt nach Vollkommenheit, und darum lernt er nun, wie er segelnd den Steg verläßt und segelnd wieder an ihm landet.

Das Ablegen (Wegfahren) zuerst.

Das Boot ist am Steg festgebunden, und zwar auf seiner Lee- (vom Wind abgewandten) Seite, weil es drüben vom Wind an den Steg gestoßen würde. Sollte es sich nicht dort befinden, wird es hingebracht, „verholt" lautet der Fachausdruck: Mithilfe der Leinen, insbesondere der Vorleine (die vorn befestigt ist), zieht man es dahin, wo man's braucht. Das schafft, wenn das Schiff nicht allzu riesig ist, ein Mann allein vom Steg aus. Ein anderer sitzt im Boot und achtet drauf, daß dabei nirgends zu stark angestoßen wird. Anstatt das Boot zu ziehen, kann man's auch, im Wasser watend, schieben oder kann man's mit dem Stechpaddel rudern. Dann liegt es, mit der Vorleine festgemacht, wo's hingehört: leeseits am Steg und im Wind. „Im Wind" heißt, wie bekannt: mit dem Bug, mit der Schnauze gegen den Wind gerichtet.

Jetzt kann man die Segel setzen (wie, steht auf Seite 33 ff.), jetzt läßt man, soweit die Wassertiefe es erlaubt, das Schwert und auch das Ruderblatt hinunter — eventuell, an seichten Stellen, nur zur Hälfte —, und alsdann legt man ab.

Im einfachsten Fall geschieht das auf die Weise, daß jemand, der am Steg herumlungert, oder ein Mitglied der Besatzung, das nach vorne klettert, den Knoten der Vorleine löst und dann das Schiff mit einem kräftigen Schubs abstößt — aber nicht einfach nach hinten, sondern so, daß sich der Bug des Schiffs dabei zum freien Wasser hindreht.

Der Steuermann hat sich auf die Luvseite des Boots gesetzt und unterstützt die Drehung dadurch, daß er die Pinne an sich heranzieht. Die Großschot, mit der der Baum geführt wird, hält er zunächst nur lose in der Hand, das Segel soll ja noch keinen Wind bekommen.

Unter „Luvseite" versteht man — wie man nun allmählich weiß — die Seite, aus

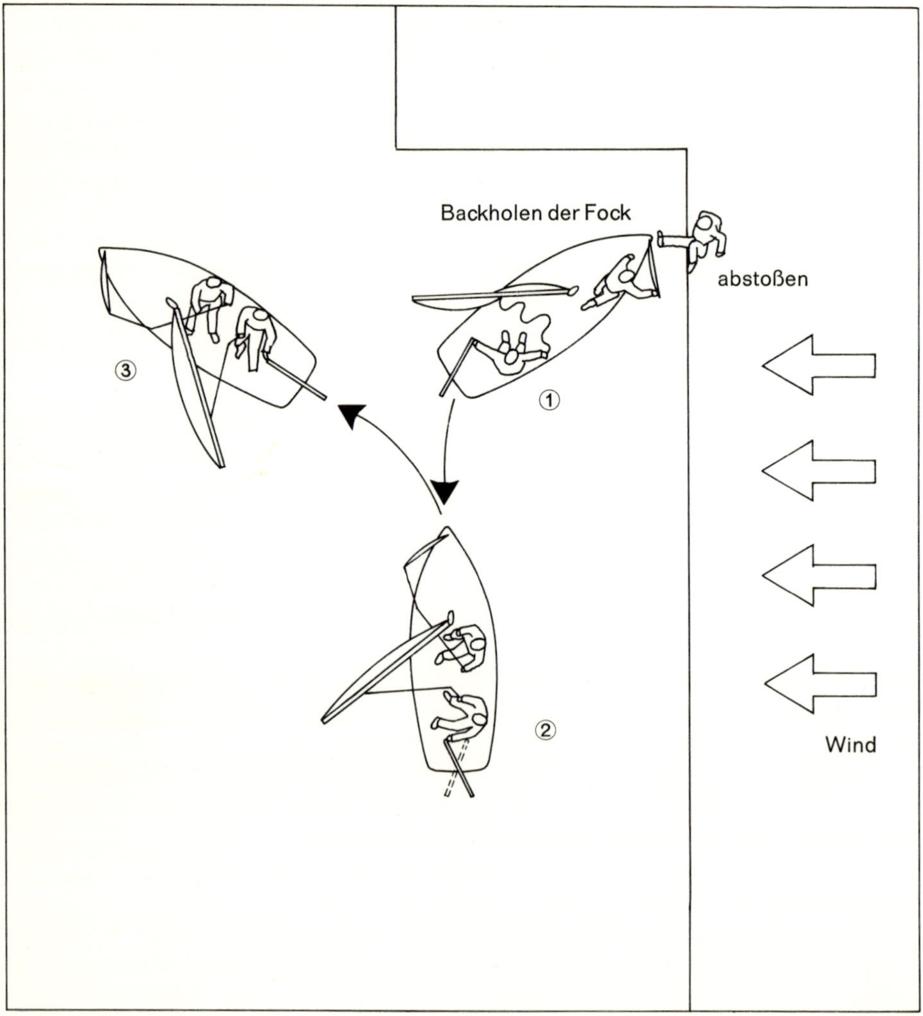


*Skizze 19*

welcher der Wind kommt. Das ist, wenn das Boot nach linksrum abgestoßen wird, immer die rechte, und das ist die linke, wenn man so abstößt, daß der Bug nach rechts dreht. Hat sich das Schiff so weit gedreht, daß es losfahren kann, werden die Schoten dichtgeholt — wird das Segel näher herangezogen — und wird abgefallen: der Steuermann hält die Pinne weiterhin etwas zu sich herangezogen, und das Boot bewegt sich.

Anstatt das Boot abzustoßen, kann man den Rückwärtsfahreffekt auch durch „Backholen der Fock" erzielen. Das heißt: Man hält die Fock, das Vorsegel, dem Wind entgegen, faßt sie mit der Hand am Schothorn (dem unteren hinteren Segelende, wo das Seil befestigt ist) und zieht es weit hinaus — und zwar auf die Luvseite, wo der Kapitän sitzt.

Ist dann der Weg nach vorne frei, wird die Fock losgelassen und auf die Leeseite gezogen. Wie das alles aufeinanderfolgt, sieht man ziemlich deutlich in der Skizze. Dann fährt man, und wenn man gefahren ist, kehrt man wieder zum Steg zurück. Und legt dort an.

Das geschieht mithilfe eines „Aufschießers", von dem man auf Seite 55 gelesen hat, daß er im In-den-Wind-Lenken des Bootes besteht und dazu führt, daß das Boot stehenbleibt.

Der Unterschied zwischen dem schlichten Aufschießer auf Seite 55 und dem Aufschießer am Steg besteht nur in Folgen, die sich daraus entwickeln können:

Mißlingt der Aufschießer mitten im Wasser, so ist weiter nichts passiert, als daß man ein Stück später steht, als man sich vorgenommen hatte.

Handelt sich's darum, eine Boje anzulaufen, ist der Fall schon komplizierter, denn man kann, darüber hinausgeschossen, nicht einfach retourfahren, sondern muß das Manöver neu probieren. Auch das ist noch nicht ernstlich schlimm.

Bei der Landung am Steg kann das Manöver, falsch gemacht, bis zum Mastbruch, zu zerstörten Nachbarschiffen, zersplitterten Stegbrettern etc. etc. führen.

Zur Vermeidung solcher Katastrophen rät sich mehreres:

1. Erst dann am Steg aufschießen, wenn man den Eindruck von sich hat: Jetzt kann ich's. — Bis es so weit ist: rudern.
2. Das Aufschießen auf freier Wasserfläche üben. Zunächst in ganz abstrakter Weise so, daß man, quer zum Wind fahrend, ein paarmal sein Schiff in den Wind lenkt. Dann gezielt, an einer grade unbenutzten Boje oder ohne eine solche, indem man einen Ball ins Wasser wirft und bei ihm aufschießt. Wobei danach zu trachten ist, daß man mit dem Bug, mit der Bootsspitze bei ihm zu stehen kommt.

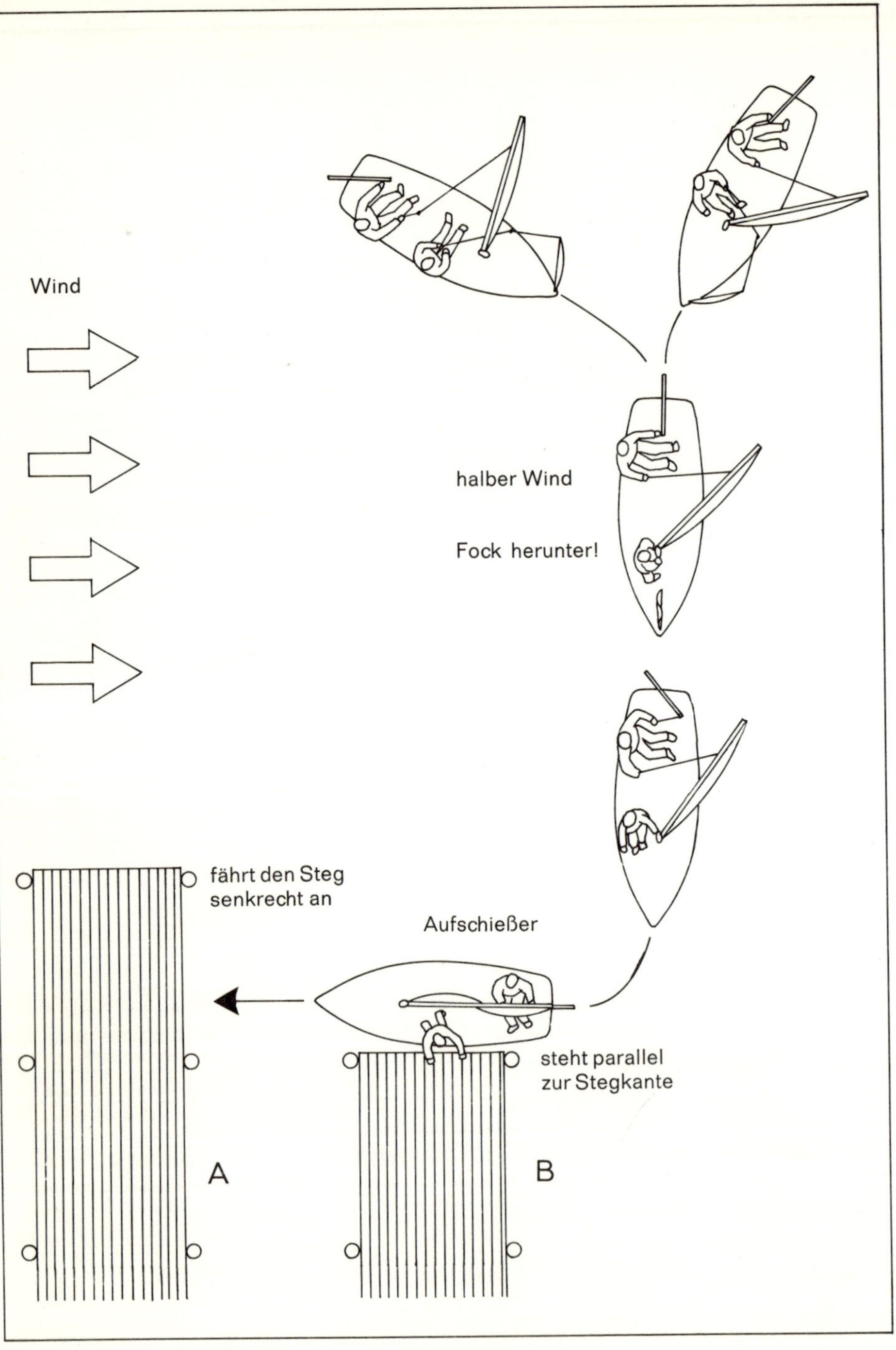
Wind
halber Wind
Fock herunter!
fährt den Steg
senkrecht an
Aufschießer
steht parallel
zur Stegkante
A
B

*Skizze 20*

3. Merke: ein zu kurzer Aufschießweg, der dazu führt, daß man zwei Meter vor dem Ziel zum Stehen kommt, ist ein weitaus kleinerer Fehler als ein zu langer, der einen übers Ziel hinausträgt. Wer zu früh steht, braucht nichts als ein paar Ruderschläge, um zu seinem Steg zu gelangen; wer zu weit fuhr, braucht, unter Umständen, eine gute Reparaturwerkstatt.
4. Am Steg anlegen kann man in zweierlei Weise: so, daß man senkrecht an ihm heranfährt (Skizze) oder so, daß man parallel zu seiner Kante steht (Skizze). Eindrucksvoller und bewundernswerter sieht die Landemethode eins aus; risikoloser ist die zweite: Sollte man zu schwungvoll angekommen sein, fährt man am Steg vorbei, als ob gar nichts gewesen wäre, und versucht's von neuem. Die senkrechte Anlegemethode ist endgültig.
5. Das Vorsegel benötigt man nicht zum Aufschießen, im Gegenteil, es stört nur. Man kann's vorher heruntertun (das geht ja ganz schnell und im Fahren), schon um keinen falschen Wind zu kriegen, der das Manöver stört. Man kann's aber, wenn bloß schnell einer aussteigen will, auch flattern lassen.
6. Der Vorschotmann bleibt nicht auf seinem Platz sitzen, er wird nun außerordentlich aktiv: Er eilt nach vorn zum Bug, um dort die Boje zu ergreifen und das Boot dran festzumachen oder um den Anstoß am Steg abzufangen und den Knoten dort zu binden.
7. Als Ausgangskurs zum Aufschießen wird der Halbwindkurs — Wind rechtwinklig von der Seite — empfohlen: Man fährt mit halbem Wind heran, biegt dann, indem man die Pinne von sich wegschiebt, um 90 Grad herum, das Boot läuft aus und steht. Natürlich ging's auch aus dem Amwindkurs (Wind von schräg vorn), Halbwind aber hat den Vorzug, daß die Bremswirkung beim Um-die-Kurve-Fahren größer wird.
8. Je kräftiger und brutaler man die Pinne von sich schiebt, um so größer ist die Bremswirkung; je sachter man es tut, desto weiter wird das Boot auslaufen. So kann man ein wenig dosieren.
9. Denksportaufgabe: Was wird, gegen den Wind gestellt, rascher stehen: Ein kleines Schwertboot oder eine große Kielyacht? — Lösung: Das kleine Schwertboot steht schneller, denn hier ist weniger Energie vorhanden, die gebremst werden muß.
10. Noch eine Denksportaufgabe: Wann ist der Anhalteweg kürzer: bei starkem Wind oder bei schwachem? — Lösung: Bei starkem, weil man sich ja gegen ihn stellt.

Wie lang der Aufschießweg ist, kann man schwerlich in Metern vorhersagen. Man muß es durch häufige Übung nach und nach ins Gefühl bekommen. Auch den Bremsweg beim Autofahren rechnet man ja nicht aus, bevor man auf die Bremse tritt. — Leider können Gefühle trügen — das ist das immer wieder Spannende beim Anlegen am Steg und das Schöne beim Zuschauen.

# *Der ordentliche Seemann*

Ist das Schiff, das man gesegelt hat, ein Mietboot, dann steigt man nun aus — am besten so, daß nicht die ganze Mannschaft gleichzeitig auf demselben Bootsrand steht, sondern etwas gewichtsverteilt —, zahlt und sagt Aufwiedersehen.
Dann hüpft der Bootsverleiherlehrling in das Schiff und räumt es auf.
Der Selbstsegelbootbesitzer macht das mit eigener Hand.

SEGELBERGEN: Das ist keine schwere Arbeit. Man löst das Fall (die Schnur, mit welcher man das Segel hochgezogen hat) von seiner Klampe und läßt das Segel, wie eine Fahne, heruntergleiten. Das Vorsegel kommt willig von selber, das Großsegel meistens auch; sollte es in der Mastnut verklemmt sein, zieht man ein wenig an ihm an. Vernünftigerweise paßt man auf, daß das Segel nicht ins Wasser fällt; fiele es, wäre das Unglück nur gering: es hängt ja an mehreren Schnüren und schwimmt nicht davon; aber es würde halt naß.
Was mit dem Segel nun geschieht, ist grundverschieden. Teils bleibt das Großsegel am Baum und samt dem Baum auf dem Schiff: dann wird es sorgfältig auf den Baum drapiert und mit ein paar Bändern an ihm festgebunden und drauf in eine Baumpersenning eingehüllt. — Teils nimmt man den Baum mitsamt dem Segel mit und stellt ihn im Bootshaus auf. — Teils packt man die Segel in den Segelsack, läßt den Baum an Bord und nimmt den Sack mit.
Wie man das Segel zusammenlegt, ob wie ein Bettuch, ob lagenweise nach Ziehharmonikaart, ist gleich; die Segellatten nimmt man zu ihrer Schonung und damit sie das Segel nicht beschädigen, am besten aus den Taschen. — Das Vorsegel sollte man rollen, weil seine Vorderkante aus einem Drahtseil besteht, dem es nicht guttut, wenn man es verbiegt und knickt.
Wichtig ist: Falls die Segel naß sind, muß man sie, eh sie in den Keller oder Bootsschuppen kommen, trocknen; widrigenfalls bekommen sie häßliche Flecken.
Schwert und Ruder werden hochgezogen, teils weil man sonst das Schiff nicht auf den Slipwagen bekommt, teils damit es an der Boje schön im Wind schwojen kann.

SCHNÜRE: Nicht am Boden liegenlassen, sondern — womöglich schön aufgewickelt — hochhängen, weil sich am Bootsboden Wasser sammeln kann und langes Eingeweichtwerden fürs Tauwerk nicht besonders gut ist.
Die Fallen des Großsegels, Vorsegels, Schwerts etc. bleiben an Bord. Man legt sie an den zugehörigen Klampen fest, aber in lockerer Weise: wenn sie naß werden, ziehen sie sich zusammen, wären sie sehr festgezogen, könnten sie zerreißen.

Stechpaddel, Schwimmwesten etc. werden entweder in die Kajüte eingesperrt oder mitgenommen. Läßt man sie offen auf dem Schiff, darf man nicht damit rechnen, daß man sie acht Tage später wiederfindet.
Man kann die Ordnung noch weitertreiben und nun mit Schwamm und Lappen das Boot von Fußspuren, Brotbröseln usw. befreien. Man kann es aber auch lassen, das ist eine Frage der persönlichen Reinlichkeit: den Bestand des Schiffes gefährden Schmutzflecken nicht.

# *Segel links – Vorfahrt bringt's*

Es wird zuwasser nicht verlangt, daß man am rechten Seeufer segelt und daß man blinkt, ehe man seine Richtung ändert; gewisse Paragraphen aber regeln auch den Seeverkehr.

VORFAHRT

Unter Sonntagsseglern herrschen krause Vorstellungen darüber, wer die Vorfahrt hat. Teils: Immer wer von rechts kommt; teils: nein, das ist im Wasser umgekehrt, da hat der linke die Vorfahrt. — Beides stimmt keineswegs.

Es ist so:

Erstens: Grundsätzlich Vorfahrt vor allen privaten Booten haben Fähr- und Kursschiffe und Boote der professionellen Fischerei während des Fangs.

Zweitens: Sowohl Motor-, wie Ruder-, Paddel- und Elektroboote müssen einem Segelschiff ausweichen; sie nämlich tun sich dabei leichter.

Komplizierter wird's, wenn sich zwei Segelboote treffen. Dann gilt der § 6.02 BinSchSO. „BinSchSO" heißt „Binnenschiffahrtsstraßen-Ordnung". Und ihr Paragraph 6.02 bestimmt: „Befinden sich zwei segelnde Fahrzeuge auf Kursen, die einander derart kreuzen, daß die Gefahr des Zusammenstoßes besteht, so muß das eine dem anderen wie folgt ausweichen:

a) Wenn sie den Wind nicht von derselben Seite haben, muß das Fahrzeug, das den Wind von Backbord hat, dem anderen ausweichen.

b) Wenn sie den Wind von derselben Seite haben, muß das luvwärtige Fahrzeug dem leewärtigen ausweichen.

Die Nummer a) klingt etwas schwierig. Backbord ist links. Kommt der Wind von links, bläst er das Segel auf die rechte Seite — woraus folgt: Ausweichen muß stets der, dessen Segel rechts (in Fahrtrichtung gesehen) steht. Umgekehrt: Vorfahrt hat man mit dem linken Segel.

Ein Dichter hat dies in einen leichtfaßlichen Reim gegossen:

Segel links —
Vorfahrt bringt's.

b) ist, wenn man Luv und Lee unterscheiden kann, ziemlich gemeinverständlich: Luv ist die dem Wind zugewandte Seite, die Seite, aus der Wind bläst. Lee ist die andre Seite, auf Lee hängen die Segel. — Es weicht also der aus, der sich näher beim Wind befindet. Er kann das bei weitem besser als der Mann im Lee, dem durch das auf das Luvseite fahrende Boot der Wind aus den Segeln genommen wird.

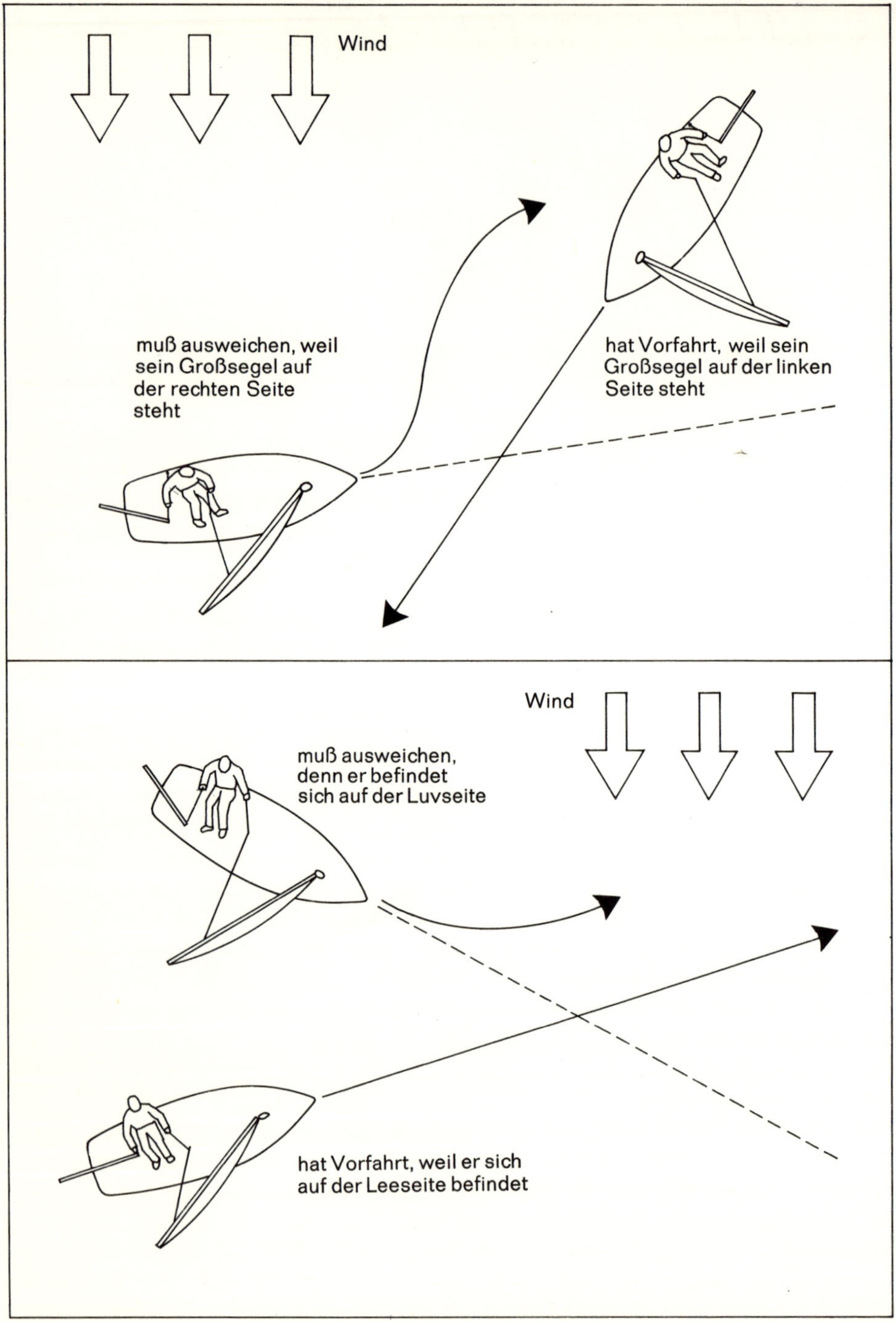
Wind
muß ausweichen, weil
sein Großsegel auf
der rechten Seite
steht
hat Vorfahrt, weil sein
Großsegel auf der linken
Seite steht
Wind
muß ausweichen,
denn er befindet
sich auf der Luvseite
hat Vorfahrt, weil er sich
auf der Leeseite befindet

*Skizze 21/22*

Wie er ausweicht, ob durch Links- oder durch Rechtsabbiegen, ist dem Segler überlassen; tunlichst sollte er nicht versuchen, noch schnell vor dem anderen vorbeizukommen; vielmehr lenkt er hinten um ihn herum.
Und er denkt daran: Die Vorfahrt darf man, wie auf Erden, auch im Wasser nicht erzwingen. Es ist deshalb im Zweifel klug, notfalls auch auszuweichen, wenn man eigentlich die Vorfahrt hätte. Denn die Zahl derer, die die Regeln kennen, ist nicht sonderlich groß; unter Ruder- und Tretbootfahrern und auch unter Segelschiffentleihern ist sie sogar verschwindend klein.

ÜBERHOLEN
Im Wasser kann sich's der Überholer aussuchen, ob er links oder lieber rechts vorbeifährt. Es ist ja genügend Platz. Wer überholt, hat dabei auszuweichen; wer überholt wird, behält seinen Kurs bei oder ändert ihn nur, wenn er den andern dadurch nicht gefährdet.
Eine spezielle Überholvorschrift gilt, wenn die beiden Schiffe, Überholender und Eingeholter, Segelboote sind. Darüber äußert sich der § 6.02 BinSchStrO:
„Segelnde Fahrzeuge überholen andere segelnde Fahrzeuge auf der Luvseite."
Das Segel hängt also nach der Seite, die dem Überholten zugewendet ist. Dies hat denselben Sinn wie die Ausweichvorschrift b: Auf der Leeseite käme man schwer vorbei, weil just in dem Moment, in welchem man das andre Boot passierte, einem dieses Boot den Wind wegnähme. Ohne Wind aber ist ein Segelschiff hilflos und kann nicht manöverieren.

KAPITÄN
Der Kapitän des Segelboots soll „zur Führung des Fahrzeugs geeignet" sein, also mehr oder weniger segeln können. Einen Führerschein braucht er dazu nicht (nur, ab 12 qm Segelfläche, auf dem Bodensee). Als Mindestalter für segelgeeignete Personen gelten 14 Jahre — wobei jedoch nichts einzuwenden ist, wenn auch weit jüngere Knaben oder Mädchen unter Aufsicht des Bootsführers ein Segelschiff chauffieren.

FISCHER
Fischer haben Vorfahrt, wie gesagt, wenn sie beim Fischefangen sind. Nun ist Fischen insofern eine besonders schöne Arbeit, als sie sich großenteils von selbst erledigt: man spannt ein Netz aus, und nach ein paar Stunden kommt man wieder, dann haben sich

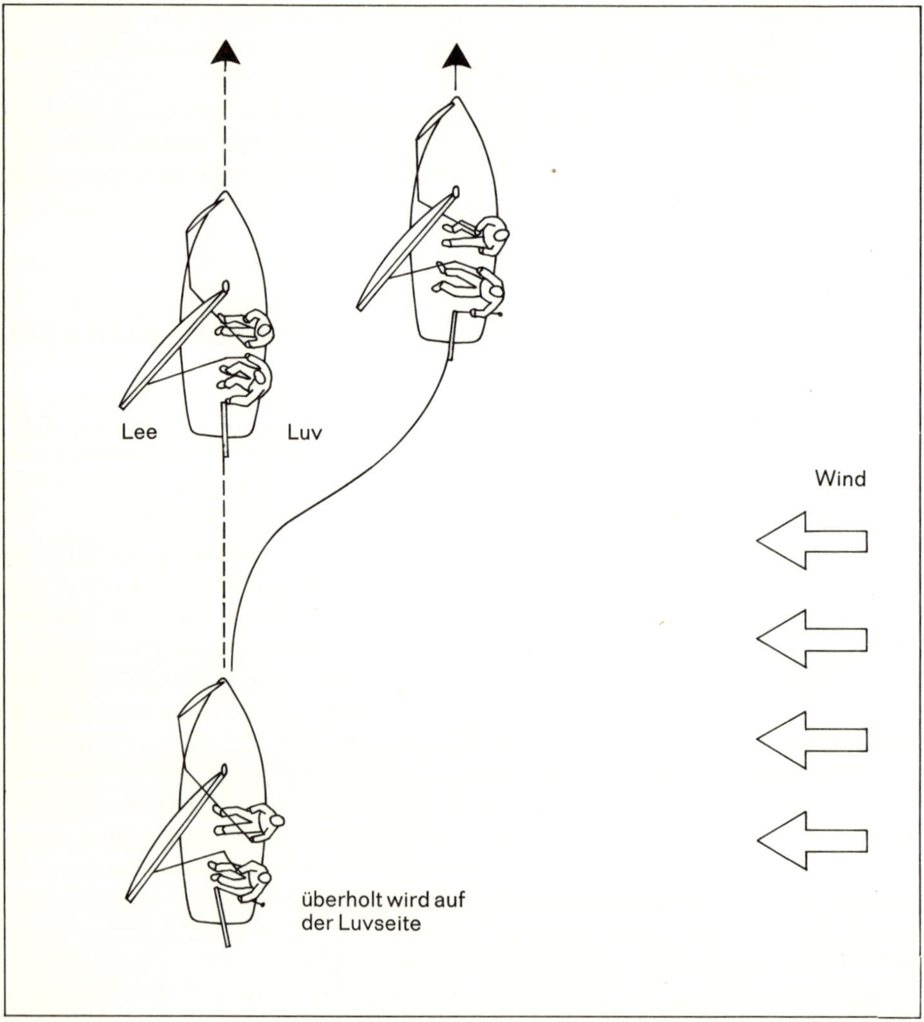


*Skizze 23*

die Fische drin gefangen. Solche Netze liegen dem Segler manchmal sehr im Weg. Man kann sie deutlich erkennen, weil sie an Bojen, Korkschwimmern, Flaggen und dergleichen hängen, die aus dem Wasser ragen. Was tut man angesichts eines solchen Netzes? Außenrumfahren? — Nein, das ist nicht nötig, man segelt darüber weg, und zwar am sichersten und besten auf senkrechtem Weg und etwa in der Mitte zwischen zwei Zeichen. Dort hängt der Netzrand nach unten durch, dort besteht kaum Gefahr, daß man dran hängenbleibt und was zerreißt. (Tut man es doch, zahlt die Haftpflichtversicherung den Schaden.)

## LICHT

Autos und selbst Fahrräder müssen mit gutgehenden Scheinwerfern ausgerüstet sein, auch tagsüber und auch, wenn der Fahrer behauptet: „Ich fahre niemals nachts." Sportbootfahrer, die nur am Tage segeln, brauchen keine Lichter. Für Nachtfahrten freilich schreibt die Binnenschiffahrtsstraßen-Ordnung Positionslampen vor: für Segelboote links ein rotes, rechts ein grünes und am Heck eins in weiß.

## STURM

Die Ufer besserer Binnengewässer sind mit Sturmwarngeräten ausgestattet, teils akustischen, teils optisch blinkenden, welche die Boots- und Badegäste vor heraufziehenden Unwettern warnen. Es gibt Vor- und Hauptwarnung. Vorwarnung (z. B. langsames Blinken) bedeutet: Obacht, vielleicht kommt jetzt bald Hauptwarnung. — Hauptwarnung (z. B. schnelles Blinken): Wir glauben, demnächst gibt es Sturm. — Die Vorwarnzeit soll der Segler dazu benutzen, sich in Ufernähe zu begeben, eventuell auch die Schwimmweste anzuziehen oder, noch besser, gleich das Wasser zu verlassen; denn es ist oft so, daß vor dem eigentlichen Sturm eine Flaute kommt, die den Segler am Herausfahren verhindert. — Hauptwarnung ist ein Befehl: „Sofort das Ufer aufsuchen; Auslaufen verboten!"

Leider ist die Wetterkunde eine recht zweifelhafte Wissenschaft, und so kommt es oft vor, daß eine Sturmwarnung nichts zur Folge hat als warmfreundlichen Sonnenschein und einen leichten Wind. Dies festigt im Segler die Überzeugung, es sei ganz nutzlos, auf die Sturmwarnung zu reagieren. — Da man sich aber auch auf das Eintreffen des Gegenteils meteorologischer Vorhersagen nicht verlassen kann und da, wenn der Sturm tatsächlich kommt, ernste Gefahr für Boot und sogar für Mannschaft besteht, sah sich die Obrigkeit gezwungen, dem Sturmblinklicht gesetzlichen Nachdruck zu verleihen. Paragraph 37 Absatz 1 der „Landesverordnung für die Schiffahrt auf den bayerischen Gewässern" sagt deshalb streng:

„Im Falle der Sturmwarnung (Sirenen, Sturmbälle, Blinkleuchten) dürfen Fahrzeuge nicht auslaufen, bis ein Entwarnungszeichen gegeben wird. Fahrzeuge, die sich auf dem Gewässer befinden, müssen bei Sturmwarnung unverzüglich einen Hafen oder die Nähe des Ufers aufsuchen."

Wer sich nicht daran hält, begeht eine Ordnungswidrigkeit, die bis 10 000 DM Bußgeld kosten kann. Bei uns, am Starnberger See, pflegt man vor allem jene Sturmmißachter anzuzeigen, die kentern und geborgen werden müssen. Sie zahlen dann nicht gleich 10 000, wohl aber 200 bis 400 Mark.

## SPEZIALITÄTEN

Der Sturmwarnparagraph kommt aus der bayerischen Schiffahrtsordnung. In andern Bundesländern und auf anderen Gewässern gelten eigene Vorschriften. Sie sind einander ähnlich, aber nicht gleich, und es ist ratsam, daß man sich, ehe man in den See sticht, danach erkundigt. Landratsämter, Landpolizeistationen, auch Bootsvermieter geben Auskunft.

Zum Beispiel ist der Abstand festgelegt, den man mindestens vom Ufer halten soll. Er beträgt auf bayerischen Seen für Motorboote 300, für Segler 100 Meter; innerhalb der Hundertmeterzone darf man sich nur „zur An- und Abfahrt auf dem kürzesten Wege" aufhalten.

Dann gibt es die Landestellen der Linienschiffe. 200 Meter im Umkreis soll kein andres Boot herumstehen und kreuzen (um das Kursschiff nicht zu behindern), im Umkreis von 100 Metern ist es verboten, zu ankern oder festzumachen. — Eigentlich. — So schrecklich genau sind diese Paragraphen, wenigstens bei uns, nicht zu nehmen. Es gibt Linienschiffsanlegestellen, neben denen, kaum 10 Meter weit entfernt, Boote den ganzen Sommer über an der Boje liegen, und an den Dampferstegen, links und rechts, wo niemandem dadurch ein Leids geschieht, bindet jeder, der Lust hat, sein Boot an. „Da schreiten wir nicht ein", sagt die Polizei großzügig. Bloß direkt am Kopf des Steges, an der Vorderseite, wo das Dampfschiff halten will, soll man sein Boot nicht lange lassen, sonst bekommt man Ärger. Zum Tragen kommen diese Vorschriften meist erst, wenn was passiert. Dann wird dem Delinquenten vorgeworfen: „Außerdem hätten Sie hier überhaupt nicht festmachen dürfen."

# *Die Fahrt nach Ammerland oder der Dämpfer*

Wir können segeln, wie gesagt. Eines Samstags können wir es wieder, meine Frau und ich. Wind weht, nicht ohne Frische, aus Nordwesten, die Sonne scheint. Da Possenhofen an der Westseite des Sees gelegen ist, kann man mithilfe eines Nordwestwindes den See vorzüglich halbschräg, nordostwärts in Richtung Berg überqueren. Dann bläst der Wind von der Seite; halber Wind ist nicht nur der schnellste, sondern auch der gefahrenloseste, unproblematischste.

Wir fahren schön, sehen vor uns schon das Kreuz im See, das an unsern König Ludwig erinnert (welcher hier ertrunken ist, vielleicht sogar ermordet wurde), und beschließen umzukehren; nicht rechtsherum, wozu eine Halse nötig wäre, sondern, wendend, mit einer Kurve nach links.

Nun könnten wir eigentlich auf demselben Weg, den wir gekommen sind, wieder zurückfahren; nur mit den Segeln auf der andern Seite.

Aber die Elemente hassen, wie der Dichter sagt; ganz grundlos dreht sich der Wind ein Stück nach links, zu unsern Ungunsten, so daß er nun, vollends ablandig, direkt aus dem Westen kommt.

Das bedeutet, daß wir, wenn wir weiterhin mit Querwind segeln, südwärts fahren und schließlich in Seeshaupt landen werden. Um nach Possenhofen zu gelangen, müssen wir „am Wind“ fahren, so daß der Wind schräg von vorn auf unser Boot trifft. Das können wir im Grunde, bloß: der Wind wird immer stärker. Ich schiebe die Pinne anluvend von mir, das Boot dreht sich in die gewünschte Richtung, aber nicht nur das, sofort legt es sich nach der Leeseite hinüber, es krängt, und zwar, wie uns scheint, erheblich.

Was tut man dagegen? Man läßt das Segel nach und fällt ab: zieht die Pinne an sich heran, und schon fahren wir wieder fast quer zum Wind. So aber kommen wir niemals nachhause, wir müssen schräger, probieren es, ein Stückchen geht's, dann steht das Boot schon wieder schief.

„Nicht“, jammert meine Frau, „wir fallen um!“

Nein, noch fallen wir nicht. Aber wie weit darf ein Boot sich legen, ohne daß wir kentern?

Inzwischen wissen wir es: ziemlich weit, 30 Grad spielend, sogar 40, wenn es sein muß, und es macht auch nichts, wenn zwischendurch ein Wasserguß über den Bootsrand spült. Wenn man zu zweit ist und sich furchtlos, soweit es geht, über den Luvrand lehnt — die Füße in die Ausreitgurte eingehängt, damit man nicht ins Wasser purzelt —, dann kippt's schon nicht um. (Wozu im übrigen zu sagen ist: Ein Boot, das

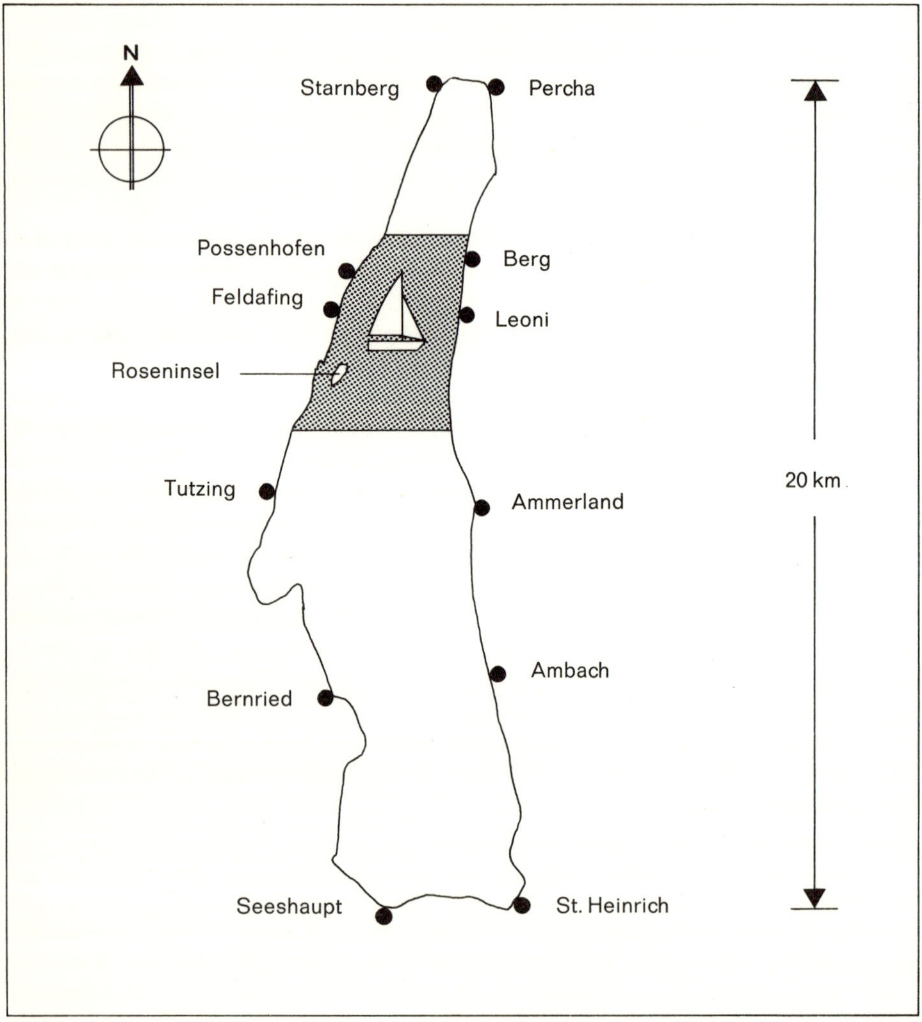
N
Starnberg
Percha
Possenhofen
Berg
Feldafing
Leoni
Roseninsel
Tutzing
Ammerland
20 km
Ambach
Bernried
Seeshaupt
St. Heinrich

*Skizze 24*

stark krängt, fährt dadurch nicht etwa schneller, sondern, im Gegenteil, langsamer als ein anderes, das auf demselben Kurs aufrechter steht. Aber die schräge Lage sieht natürlich ungemein sportlich aus.)

Doch damals haben wir uns nicht getraut, das experimentell zu erproben: die Sonne verschwand, es wurde kühl, das Wasser war nicht wärmer als 17, 18 Grad, meine Frau hatte eine lange Hose und einen Pullover an. Wenn man sich vorstellt, daß man kentert und dann in den nassen Kleidern weitersegeln muß!

Wir drehen unser Boot lieber nur ganz zaghaft dem Winde zu. Wenn wir ein großes Stück südsüdsüdwestwärts fahren, dann nach Nordnordwesten wenden, nochmal wenden, nochmal wenden, also kunstgerecht kreuzen, müßten wir uns nach und nach immer mehr dem Westufer nähern und schließlich sogar an unserm Liegeplatz ankommen, denken wir.

Oder wir müßten ein größeres Boot haben, das den Wind nicht so spürt.

Oder besser segeln können.

Das ist das insbesondere betrübliche an dieser Fahrt: sie zeigt uns unsere Grenzen mit Überdeutlichkeit, sie zeigt uns, daß diese Grenzen doch arg eng sind: Wir sind schlicht außerstande, dahin zu segeln, wohin wir möchten. Dies dämpft das sportliche Selbstbewußtsein schmerzlich.

Anstatt nachzulassen, wird der Wind noch stärker. Die Wellen sind, von Tal bis Gipfel, schätzungsweise vierzig Zentimeter hoch, schlagen aufdringlich an unser Boot, spritzen uns an, drohen uns umzuwerfen, Böen kommen auf, deren ich mich nur durch Loslassen des Segels und Abdrehen vom Wind erwehren kann. Die Strömung tut ein übriges: Wir gewinnen nicht den geringsten Raum nach Westen, sondern treiben immer mehr dem östlichen Ufer zu.

Jetzt sind wir schon über der Seemitte, nicht eigentlich in Seenot, aber im Zustand bestürzender Hilflosigkeit. Drüber, am Westufer fährt ein anderes Schiff, quer zum Wind wie wir; das hat's gut, so nah am Strand.

Die Roseninsel liegt längst hinter uns. Das Boot fährt munter weiter. Wenn wir nach dem Süden wollten, wäre die Fahrt fast ein Vergnügen. Wenden brächte auch nicht viel, da führen wir nach Percha.

In solch einer Situation gibt der kluge Segelfreund denn schließlich nach: Wenn uns der Wind schon unbedingt nach Osten treiben will, dann soll er doch. Auch am Ostufer ist es schön, und ewig wird's ja nicht so weiterwehen. Wir entschließen uns, drüben an Land zu gehen. Dort werden wir warten, bis der Wind nachläßt, und dann fahren wir gemütlich heim.

Ich drehe ab vom Wind und ziele, etwas schräg, auf das Ostufer. Die Gemeinde Ammerland liegt da. Jetzt fährt sich's beinahe angenehm. Der Wind bläst auf raume Weise gegen unser Schiff, von zweidrittelhintenher, so tun auch die Wellen nichts.
Das einzige Problem ist: Dieses Ostufer besteht nahezu nur aus Privatbesitztümern. Parzelle schließt sich an Parzelle an, Bootshäuser, Wochenendhäuser stehen drauf, Stege ragen in das Wasser.
Darf man da landen? Darf man ein Seegrundstück betreten, das sichtlich einen privaten Eigentümer hat? Darf man sein Boot an einen Steg anbinden, der nicht der Öffentlichkeit, sondern dem Herrn Müller gehört? Wo der Steg doch in den öffentlichen See gestellt ist?
Nein, man darf keins von beiden. Zwar steht der Steg im See, gebaut aber haben ihn private Leute, denen zu diesem Zweck ein Stück Seegrund verpachtet wurde. Wie über jeden Pachtgrund, haben sie auch darüber die Verfügungsgewalt, und wer mit jungsozialistischem Elan unter dem Motto: „Die Seeufer gehören allen! Erholung für die Werktätigen!" hier anlegt und den Steg erklettert, tut Verbotenes, genauso wie einer, der sich in einem fremden Garten in die Sonne legt.
Aber Seenot geht vor. Da kann man auf sowas keine Rücksicht nehmen und muß auch nicht: Da gehört es zur Hilfeleistungspflicht des Steg- oder Seegrundbesitzers, daß er Schiffbrüchige nicht verjagt.
Wir landen in schlichter Manier: Fünfzig Meter vor dem Ufer Vorsegel herunter, zwanzig Meter später auch das Hauptsegel, Schwert heraufgeholt, Ruderblatt ebenfalls, Paddel ergriffen, ein paar Schläge, über Bord ins seichte Wasser, Boot vollends ans Land geschoben.
Dann sitzen wir da, gerettet. Der Grundherr ist nicht da, niemand will uns vertreiben. Wir warten ab, der Wind muß sich ja wieder legen. Zunächst tut er's nicht.
„Was für eine Windstärke das wohl ist?", fragt meine Frau in der Hoffnung, es sei mindestens 9; dies würde unser Versagen rechtfertigen.
Ich weiß es nicht. Aber zuhaus lesen wir nach, in der Windstärkenskala nach Beaufort. Die Winde reichen von 0 bis 12, und man erkennt sie an folgenden Auswirkungen:

| Windstärke | Geschwindigkeit in Meter pro Sekunde | Auswirkungen des Winds im Binnenland |
|---|---|---|
| 0 | 0 bis 0,2 | Das ist Windstille, Flaute. Die Segel hängen wie feuchte Handtücher am Mast, das Wasser ist spiegelglatt, Rauch steigt kerzengerade in die Höhe. |
| 1 | 0,3 bis 1,5 | Hier spricht man von „leisem Zug“. Rauch wird von ihm abgelenkt, Windfahnen bewegen sich noch nicht. Segelboote schon, aber ganz langsam. |
| 2 | 1,6 bis 3,3 | Leichte Kräuselung markiert die Seeoberfläche. Jetzt rührt sich auch das Verklickerfähnchen, man fühlt den Wind leicht im Gesicht, die Blätter säuseln. |
| 3 | 3,4 bis 5,4 | Nun bewegen sich die Blätter schon, desgleichen dünne Zweige. Wimpel strecken sich, kleine Wellen entstehen; Segelboote krängen bereits. „Schwache Brise“ nennt man das. Sie ist das Minimum für seglerische Prüfungen. |
| 4 | 5,5 bis 7,9 | Die „mäßige Brise“ bläst Papier und Staub herum und bewegt Zweige und dünne Äste. Die Wellen werden deutlich. |
| 5 | 8,0 bis 10,7 | Jetzt ist die Brise „frisch“, jetzt schwanken kleine Bäume, auf dem Wasser entstehen Schaumkämme, der Jollensegler hat das Gefühl: allmählich wird's zu viel. |
| 6 | 10,8 bis 13,8 | Ein „starker Wind“ weht nun, kräftige Äste bewegen sich, Telefon- und Telegrafendrähte pfeifen, die Drahtseile auf den Schiffen auch. |
| 7 | 13,9 bis 17,1 | „Steifer Wind“: Die Wellen haben große Schaumkronen, der Wind hält einen beim Gehen auf. |

| Windstärke | Geschwindigkeit in Meter pro Sekunde | Auswirkungen des Winds im Binnenland |
|---|---|---|
| 8 | 17,2 bis 20,7 | Man kommt beim Gehen kaum mehr voran, Zweige brechen von den Bäumen, Takelageteile von den Segelbooten, das ist „stürmischer Wind“. |
| 9 und mehr | über 20,7 | Noch stärkere Winde heißen „Sturm“, „schwerer Sturm“, „orkanartiger Sturm“ und „Orkan“. |

Unser Wind dürfte so zirka Stärke 4½ gehabt haben; man kann dies leicht dadurch ermitteln, daß man seine Erinnerung mit der Skala vergleicht und dann 1 bis anderthalb Windstärken subtrahiert.

Nach einer Stunde sitzen wir noch immer da. Manchmal sagt eins von uns: „Ich glaub, der Wind läßt nach.“ Oder: „Jetzt können wir bald wieder fahren.“

Das ist natürlich Unsinn, der Wind bläst munter weiter. Dazu wird der Himmel im Südwesten dunkelgrau, es fängt leicht zu regnen an, und die Sturmvorwarnungslichter leuchten auch noch auf. Wir beginnen, uns Gedanken um unsere Zukunft zu machen. Bis morgen können wir nicht hierbleiben.

Im Nachbargrundstück steht ein Häuschen mit einem Vordach. Da stellen wir uns unter, und da ist eine Dame drin, eine sehr nette, deren Liebenswürdigkeit darin gipfelt, daß sie uns mit dem Auto bis zum Ammerländer Dampfersteg mitnimmt und uns, als wir ihr gestehen, daß wir nun schwarzfahren müßten, auch noch das Fahrgeld leiht.

Seither führen wir stets, in einen wasserdichten Beutel eingepackt, einen Zehn- oder Zwanzigmarkschein mit uns; außerdem trockenes Gewand; denn man erregt beim Publikum Indignation und öffentliches Ärgernis, wenn man Verkehrsmittel wie Linienschiffe, Omnibus und Bahn barfuß und in Badhosen betritt.

# *Die Unschönheit des Rudersports*

Als ich mein Schiff drei Tage später — und mit äußerster Umständlichkeit: meine Frau fährt mich im Auto hin, wir tun das Segelboot ins Wasser, meine Frau fährt mit dem Auto nach Possenhofen, ich mit dem Boot, dort wartet sie zwei Stunden lang auf mich, dann fahren wir im Auto heim — in Ammerland abhole, weht anfänglich ein leichter Wind, der sich, als ich hundertfünfzig Meter weit vom Ufer wegbin, legt. Das Segel fällt kraftlos nach der Seite, auf der ich sitze. Ich wechsle den Platz, der Baum kommt mir nach.

Was tut man da? Man rudert.

Es gibt, am Chiemsee, sogenannte Pletten. Das sind praktische Boote: langgestreckte Kähne, mit Ruderdollen, Ruderbank und Ruder, aber auch mit Segel, Mast und Schwert. Als Segelboote fallen sie bei heftigerem Wind nicht ungern um, bei Flaute aber sind sie schier unübertrefflich: Da holt man das Segel nieder, tut zwei Ruder, respektive Riemen, in die Dollen und rudert heim; „pullt", würde der Seemann sagen.

Ich habe für solche Fälle zwei Stechpaddel im Boot.

Zu zweit ist damit ziemlich einfach umzugehen: Einer sitzt, in der Bootsmitte etwa, rechts, der andre links. Das Paddel hält man mit der inneren Hand (rechtssitzend mit der linken, linkssitzend rechts) am obern Ende, die Außenhand ergreift das Ruder tiefer, unterhalb der Mitte, taucht es vorn ins Wasser und zieht es, wobei die obere Hand dagegenschiebt, nach hinten. Geschieht das beiderseits gleichzeitig und gleichkräftig, dann kommt das Boot auf diese Weise schon vom Fleck. Ein etwaiger dritter Mann wird ans Steuerruder gesetzt und ist für den Kurs verantwortlich. Fehlt er, nimmt man das Steuerruder ab. Das Schwert, das mangels Wind und Strömung keine Funktion zu erfüllen hat (und nur zusätzlichen Wasserwiderstand erbrächte) zieht man nach oben; die Segel holt man ein.

Ist man allein und säße daher nur an einer Seite, so käme man ziemlich schlecht voran: ein Boot, das nur links gerudert wird, dreht sich nach rechts, man führe fortwährend im Kreis herum oder hätte dauernd zu tun, den Kurs zu korrigieren.

Drum sitzt der Einzelruderer ganz vorn am Bug. Hier ist die Hebelwirkung, die er mit seiner Ruderkraft ausübt, am kleinsten, und leichte Kursabweichungen lassen sich mühelos dadurch ausgleichen, daß man das Paddel hin und wieder auf der andern Seite eintaucht.

Nun ist allerdings Rudern, schon in einem Kahn, keine allzu amüsante Leibesübung. Segelbootrudern zählt noch viel weniger zu den wassersportlichen Vergnüglichkeiten: es stählt nur die Armmuskulatur. Die Unlust, die sich alsbald einstellt, wirkt negativ auf den Fleiß des Paddlers, und man tut deshalb gut daran, sich mittels psychologischer Tricks selbst zu überlisten.

Solch ein Trick besteht zum Beispiel darin, daß man sich fest vornimmt, nun 150 Ruderschläge ohne Rast und Pause hintereinander zu absolvieren. Selbstbeobachtung lehrt, daß sich, je näher man den 150 kommt, freudige Kraft und Rudereifer merklich steigern. Eine kurze Pause, nach den 150 eingelegt, in schweren Fällen eine Selbstbelohnung in Form einer Zigarette oder eines Kaugummis, dienen der Erholung und der Vorbereitung auf die nächste Distanz. — Auch mitrudernde Familienmitglieder lassen sich auf diese Art zu hohen Leistungen anspornen.

# *Schall & Rauch*

Die Ruderei kann man sich sparen, indem man einen Hilfsmotor an seinem Boot befestigt — was man bei Jollen aus zwei Gründen unterlassen wird: a) des Preises wegen und b) weil ein Motor ziemlich empfindlich gegen das Ins-Wasser-Fallen und zudem gegen dieses Mißgeschick nicht zu versichern ist.

Er kostet 600 bis gute 1000 Mark und wird mit einer Spezialhalterung am Bootsheck — außendran, er ist ein Außenbordmotor — befestigt. Die Halterung kostet zirka 70 DM extra.

Ein Hilfsmotor bedarf selbst auf so streng reglementierten Wassern wie den bayerischen keiner Zulassung oder Amtsregistrierung, falls er nicht stärker ist als 6 PS und falls er wirklich nur zu Hilfszwecken verwendet wird. Mit schärferen Bestimmungen ist allerdings in absehbarer Zeit zu rechnen — obwohl man weiß, daß Badegäste noch weitaus mehr Öl ins Wasser tragen als Motoren.

Der Hilfsmotor dient dazu, daß man

a) bei Flaute wieder in den Hafen heimkommt, ohne daß man rudern oder sich abschleppen lassen muß;

b) bei Stürmen oder Sturmgefahr ans Ufer flüchten kann;

c) den oft verwinkelt gebauten und mit Schiffen vollbelegten Hafen mit Anstand verlassen

d) und hinterher ebenso vorzüglich wieder in ihn einfahren kann.

Natürlich darf man den Motor auch benutzen, wenn sich's etwa darum handelt, über Bord Gefallene oder Gekenterte aufzufischen. Oder zum Landen am Steg und an der Boje, wenn man seiner Aufschießkunst mißtraut.

Zum Spazierenfahren ist der Hilfsmotor nicht da. Das ist natürlich vielen Seglern ganz egal: Wenn Flaute ist, fahren sie lärmend und umweltschmutzig motorboot ins Café.

Mein Wasserpolizeigewährsmann vom Starnberger See sagt mir dazu:

„Wir sind nicht kleinlich. Der Segler soll seinen Motor benutzen, wenn er ihn braucht. Aber es geht natürlich nicht, daß er bei Flaute damit ausläuft."

> Gesetzt den Fall, ich bin bei Wind von Starnberg nach Bernried gesegelt. Nachmittags will ich wieder heim, aber jetzt weht kein Wind mehr. Darf ich nun mit dem Hilfsmotor die ganzen 15 Kilometer fahren?

„Ja, das dürfen Sie. Es nützt Ihnen ja nichts, irgendein Ufer anzulaufen, Sie müssen an Ihren Liegeplatz zurück."

> Spazierenfahren mit dem Hilfsmotor ist eine Ordnungswidrigkeit. Wie teuer kommt die?

„Wenn wir einen erwischen, zeigen wir ihn rücksichtslos an. Das erstemal kostet das 200 oder 300 Mark. Im Wiederholungsfall wird es natürlich teurer."
Es sei denn, dem Hilfsmotorsegler gelingt es vor Gericht, sich herauszureden: „Ich habe der Sonne nicht getraut, ich dachte, vielleicht kommt doch bald ein Sturm, darum habe ich als verantwortungsbewußter Kapitän den Motor eingeschaltet."

Ein Motorboot hat andere Vorfahrts- beziehungsweise Wegerechtsvorschriften zu beachten als ein Segelschiff. Ist ein Segelboot mit Hilfsmotor ein Motorboot?

„Paragraph 31 Absatz 4 der Bayerischen Schiffahrtsordnung sagt: ‚Fahrzeuge mit Hilfsmotor gelten als Fahrzeuge mit Maschinenantrieb . . ., solange sie den Hilfsmotor benutzen.'"
Das ist wichtig zu wissen. Denn in diesem Falle wird die Vorfahrt nicht von der Luv- und Leeseite bestimmt. Sondern:
Motorboote müssen „Fahrzeugen ohne Maschinenantrieb", also beispielsweise einem Segelboot, ausweichen (es sei denn, daß das Segelboot sie grade überholt).
Zwei Motorboote, die einander entgegenkommen, müssen beide ausweichen, und zwar nach Steuerbord, nach rechts.
Von zwei Motorbooten, die sich sonstwie begegnen, hat das die Vorfahrt, das von rechts kommt.

# *Namen*

„Was besagt der Buchstabe vor oder über der Nummer im Großsegel?“, heißt eine A-Schein-Prüfungsfrage.
Antwort: Bei internationalen Klassen bedeutet er die Nationalität, bei Werftklassen ist es der Anfangsbuchstabe des Typennamens.
„Und die Nummer im Großsegel, was soll die?“, will der Prüfer weiter wissen.
Antwort: Das ist die Unterscheidungsnummer. Unter dieser Nummer ist das Boot im Yachtregister des Deutschen Segler-Verbandes eingetragen.
Was aber — das gehört nicht zu den Prüfungsfragen — ist davon zu halten, wenn das Segel weder eine Nummer hat noch einen Buchstaben? — Dann ist es eben nicht eingetragen; es muß ja nicht.
Und was bedeutet es, wenn an der Seite oder hintendran „Schnuckiputzi“, „Elvira“ oder „7 Geißlein“ angeschrieben steht?
Das ist der Name, auf den der Besitzer sein Boot getauft hat.
Die Nationalität hat man, sie läßt sich nur mit schwerer Mühe ändern. Die Registernummer kriegt man. Den Namen für sein Schiff aber darf sich ein jeder selbst aussuchen, ganz willkürlich und frei, einen langen oder kurzen, schönen oder häßlichen, deutschen, ausländischen. Es kommt auch gar nicht darauf an, ob dieser Name selbsterfunden oder von einem andern Bootsrumpf abgeschrieben ist: Boote, die „Strolch“, „Mistral“, „Neptun“, „Cherie“, „Filou“, „Bärbel“, „Bazi“ heißen, gibt es an jedem See in größerer Menge.
Nur eins ist zu bedenken: Den Namen, den ein Boot einmal bekam, soll es behalten. Ein Schiff umtaufen, sagt der Seemann, bringt kein Glück — denn auf See ist man abergläubisch. Drum rät es sich, den Namen mit viel Sorgfalt auszusuchen und auf seine Zeitlosigkeit Bedacht zu nehmen. Man wird deswegen statt „Bettina“ oder „Heike II“ mit Vorteil anonymere Liebkosungen auswählen und sich für „Liebling“ oder „Schatz“ entscheiden.
Auch vor allzu lustigen Namen wie „6-Bombe“ oder wie „O nass is“ ist zu warnen. Es besteht die große Gefahr, daß man über den Witz schon nach zwei Jahren selbst nur noch mit Mühe lachen kann.
Die Buchstaben malt man entweder auf oder kauft sie — aus schwarzem Kunststoff oder verchromtem Messing — fertig. Preis pro Stück: 80 Pfennig bis 5 Mark — woraus erhellt, daß kurze Namen weitaus wirtschaftlicher sind als lange. — Was unser Boot betrifft: es hat gar keinen Namen; wir sagen einfach „Schiff“ dazu; das kommt am billigsten.

# *Seemannsmund*

Seeleute sprechen eine eigene Sprache. Manches, was sie sagen, versteht sogar der Landbewohner mühelos: „der“, „die“, „das“, „jaja“, „neinnein“, um nur ein paar Beispiele zu nennen. Auch Wörter wie „aber“, „und“ und „dann“ bleiben ganz unverändert. Nur die wichtigeren Dinge haben spezielle Namen: „von hinten“ heißt „achterlich“, ein „Zeiser“ ist ein „Bändsel“ (ein Stück Band) zum „Zeisen“ (Zusammenbinden) „aufgetuchter“ (schön zusammengelegter) Segel, eine „Spiere“ ein Rundholz auf dem Schiff, aber kein Mast, eine Sitzbank nennt man „Ducht“. Und so weiter.

Nicht nur die bekannten Ostfriesen reden so. Merkwürdigerweise haben die Bayern, Schwaben und die andern Binnenlandbesiedler, obgleich seit altersher auf ihren Süßgewässern fahrend, keine regionale Seesprache entwickelt, sondern die niederdeutsche übernommen, die sich in ihrem Mund seltsam genug anhört:

„Du muaßt dei Schot scho bessa dichthoin“ — wie eigentümlich klingt das!

Für den eigenen innerfamiliären Gebrauch kommt man vorzüglich auch ohne nautische Vokabeln aus. Im Gespräch aber mit andern Segelfreunden und gar beim Studium mariner Bücher oder Gebrauchsanweisungen kann man der Seemannssprache nicht entraten.

„Bei Jollen darf der in das Ruderblattfall eingeschorene Block nicht loskommen.“

„Den Kreuzschlag erst nach einem halben Rundtörn anwenden (wegen des Schrickens).“

„Jedes Ende an Bord muß am Tampen einen Takling haben.“

Das ist für einen Nichtseemann nicht wesentlich verständlicher als etwa der Satz: „Nataka chakula kichukuacho muda mfupi.“ (Kisuaheli: „Ich möchte etwas essen, was sehr schnell geht.“)

Um die oben — aus Büchern — zitierten Sätze zu begreifen, muß man wissen:

„Ruder“ nennt man das Steuer, hinten am Heck, und das Ruderblatt ist jener Teil des Ruders, der ins Wasser ragt. Ein „Fall“ ist ein Stück Schnur, das dazu dient, etwas herabzulassen oder hinaufzuziehen — hier das Ruderblatt. „Einscheren“ ist nichts anderes als „durchziehen“. Ein „Block“ besteht aus einem Blechgehäuse und aus einer Rolle, über die, wie beim Flaschenzug, ein Seil verläuft. Unter „loskommen“ schließlich versteht der Seemann „lockerwerden“. — „Kreuzschläge“ und „Rundtörns“ sind Teile eines Knotens, und „schricken“ heißt „ein Seil nachlassen“. Der dritte Satz endlich bedeutet übersetzt: „Jede Leine auf dem Schiff muß an ihrem Ende mit Garn umwickelt sein (welches das Auffransen verhindert).“

„Klar zum Halsen!“

„Ist klar!“

„Fier auf überall!"
„Hol dicht Großschot!"
„Rund achtern!"
So spricht man von See- zu Seemann. Das ist die seglerische Kommandosprache.
Man kommt sich ein wenig eigenartig vor, wenn man sie benutzt, besonders wo man ja nicht fünfundsechzig widerspenstige Kadetten oder Schiffsjungen herumzuscheuchen hat, sondern bloß die eigene Ehefrau.
Dabei sind die Kommandos und Rückmeldungen — wie höchstwahrscheinlich auch beim Militär — nicht ohne Nützlichkeit: Es könnte ja durchaus passieren, daß das Schiff nicht klar zur Wende ist, weil sich ein Seil verfangen oder weil der Vorschotmann grade beschlossen hat, seinen Pullover auszuziehen. — Verständigung tut not.
Wir neigen dazu, den nautischen Dialog durch selbstgefügte Worte etwas zu entspannen. Und anstatt: „Klar zur Wende!" — „Ist klar!" — zu formulieren: „Dann, mein ich, machen wir einmal eine Wende." — „Ja, nur zu!" Oder so Ähnliches. Das klingt weitaus verbindlicher und nicht so stramm.
Sie wirft auch andere Probleme auf, die seemännische Sprache:
Erstens muß man sie Wort für Wort erlernen, einschließlich Geschlecht und Pluralform: das Fall — die Fallen; die Schot — die Schoten; der Schäkel . . .
Zweitens hat man als Binnenmensch gewisse Hemmnisse zu überwinden, um einen Knoten (zu dem man daheim schlicht „Knopf" sagt) plötzlich als „Stek" zu bezeichnen oder ein Stück Schnur als „Ende" und die rechte Seite „Steuerbord" zu nennen. Zuhörende Freunde halten einen, weit entfernt von bewunderndem Respekt, für etwas überspannt, so etwa wie wenn man nach einem Vierzehn-Tage-Spanienurlaub von „Barßelona", mit gelispeltem „s", und „Iwißa" erzählt.
Wir haben zur Überwindung der letztgenannten Schwierigkeit ein System erdacht, daß sich außerordentlich bewährt hat:
Wir sprechen die Seewörter gewissermaßen in Anführungszeichen und bringen so zum Ausdruck, daß wir uns nicht völlig mit ihnen identifizieren. Wir sagen: „Setz dich doch bitte auf die Dings, auf die Backbordseite." Oder: „Du hast das sogenannte Fockfall nicht richtig festgemacht." — So wahrt man reinliche sprachliche Distanz und muß doch auf die Präzision des Fachworts nicht verzichten.
Denn — um gerecht zu sein — die Seemannsprache ist nicht an sich verwerflich, sondern stellenweise sogar ziemlich praktisch in ihrer bündigen Mundfaulheit und spart zeitraubende Relativsätze, die die Rede unnötig zerdehnen:

Statt: „das Drahtseil, mit dem der Mast nach vorn verspannt ist“, sagt der Seemann schlicht: „das Vorstag“; statt „der Rundholzbalken, der vorn am Mast befestigt ist und an dem bei manchen Schiffen die Segeloberkante angemacht ist“: „Gaffel“; für „Wind, der aufs Land zu weht“: „auflandiger Wind“.
Dies Buch verzichtet, soweit sich das machen läßt, auf allzu maritime Wörter, beziehungsweise es übersetzt sie sogleich, wenn sie gefallen sind. Um den Leser trotzdem in den Stand zu setzen, zu seinen Segelkameraden mehr zu sagen als „Ahoi!“, enthält es auf den Seiten 151 ff. eine Liste mit 100 bedeutenden Segelwörtern.

# *Was fährt denn da?*

Noch ein beklagenswerter Wissensmangel kennzeichnet leider den Anfangssegler. Sagt jemand zu ihm: „Schauen Sie, das Starboot!", oder: „Was der Drachen dort für einen Zahn draufhat!", dann kann es ihm passieren, daß er, „achja" sagend, in die ganz falsche Richtung blickt.

Damit aber disqualifiziert er sich selbst als einen unwissenden Laien, als einen Ignoranten, an den ein zünftiger Seemann fortan kein Wort mehr verschwendet.

Die Kenntnis der wichtigeren, populären Bootstypen und -klassen ist, obzwar an sich völlig belanglos, grundlegendes seglerisches Bildungsgut. Und auch dem Sonntagssegler ziemt es, wenigstens die häufigst verkehrenden Schiffe zu kennen, genauso wie ein Autofahrer einen Porsche mit einem Blick von einem Maserati unterscheiden muß.

Die Bootsklasseneinteilung hat, ähnlich wie die Einteilung der Ringer in Papier-, Feder- und Schwergewicht etc., triftige sportliche Gründe: nur Schiffe gleicher Klassen können sich gerechterweise auf Regatten miteinander messen. Es gibt nationale und internationale Klassen, „Einheitsklassen", die nach strengen Bauvorschriften hergestellt werden und von Werft zu Werft kaum variieren, und „Konstruktionsklassen", die der persönlichen Note größeren Spielraum geben.

Praktischerweise steht es auf den Segeln angeschrieben, um was für ein Boot sich's handelt — wenn auch in Chiffren, so doch ziemlich groß. Einige beispielhafte Bilder sieht man auf den Fotoseiten 37 bis 40 und noch mehreres darüber erfährt man hier:

Ein DRACHENBOOT erkennt man an dem großen D, das auf dem Segel steht. Es handelt sich um ein aus Holz gebautes, ziemlich teures Kielboot (gut 30 000 Mark), das nahezu 9 Meter lang ist und 26 Quadratmeter Segelfläche hat. Es galt von 1948—1972 als olympische Klasse. 3 Mann stellen die Rennbesatzung dar.

FD bedeutet FLYING DUTCHMAN, fliegender Holländer. Dieses Schiff kommt aus den Niederlanden, ist eine 6 Meter lange Jolle mit 15 qm Segelfläche, besteht aus Sperrholz oder Kunststoff und ist olympisch seit 1960. Man könnte auf die Idee verfallen, „FD" hieße FINN DINGHY. Das wäre ein Irrtum. Ein Finn-Dinghy erkennt man an zwei blauen Wellenlinien übereinander. Es hat 10 qm Segelfläche, ist 450 cm lang, 105 Kilo schwer und für einen Mann gebaut.

H-JOLLE. Das ist eine sogenannte „nationale Konstruktionsklasse" des Deutschen Segler-Verbandes. H-Jollen haben 15 qm Segelfläche, sind 6 Meter 20 lang, 1,90 breit, 220 Kilo schwer und kosten zwischen 7 und 8000 Mark.

Den KORSAR kennzeichnet ein gebogenes Korsarenschwert, das er auf dem Segel führt. Er ist ein nationales Klasse-Jugendboot des DSV, 5 Meter lang, 1,70 breit, 120 kg schwer, hat 11,50 qm Segel und wird mit Spinnaker und Trapez gesegelt. Gebaut wird er aus Holz, Sperrholz oder aus Kunststoff, kosten tut er ab viereinhalbtausend Mark.

P: ein 15-Quadratmeter-Jollenkreuzer, zirka 6 Meter 50 lang und 2,15 breit. Gewicht: 460 bis 680 kg, Preis um die 15 000 DM.

Der PIRAT ist am Segelzeichen „Enterbeil" zu identifizieren: nationale Klasse und Jugendboot des DSV, im Auftrag der Zeitschrift „Die Yacht" konstruiert; wiegt 170 Kilo, ist 5 Meter lang, 1 Meter 60 breit, besteht aus Holz und hat 10 Quadratmeter Segelfläche. Preis: Rund 6500 Mark.

R: Nationale Konstruktionsklasse des Deutschen Segler-Verbands, zwei Nummern größer als „P": ein 20-Quadratmeter-Jollenkreuzer (20 qm bezieht sich auf die Segelfläche), 7,75 Meter lang, 2,40 breit, Gewicht ab 700 Kilogramm. Hier besteht die Rennbesatzung aus drei Mann, und der Preis beträgt ungefähr 20 000 Mark.

S bedeutet: 16-qm-Jollenkreuzer. Auch das ist eine nationale Konstruktionsklasse. Das Boot kann aus Sperrholz oder Kunststoff sein, ist 7 Meter lang, 2,40 m breit und kostet 15 bis 18 000 Mark.

Ums selbe Geld bekommt man auch ein STAR-BOOT, das einen fünfzackigen Stern als Segelzeichen trägt. Starboote sind schon seit 1932 olympische Kielbootklasse, 6 m 92 lang, 1,73 breit, 750 Kilo schwer, mit 26 qm Segel, aus Vollholz oder aus Kunststoff gebaut.

Der TORNADO hat als Segelzeichen ein etwas schiefes „T" und wird 1976 olympische Klasse sein. Ein Tornado ist ein Katamaran, das heißt: ein Boot mit zwei Rümpfen. 6 Meter 10 lang, 3 Meter und 5 Zentimeter breit, 140 Kilo schwer. Preis: gute 7000 Mark. — Man soll ihn nicht mit einem Boot verwechseln, das ein gerades „T" auf sein Segel geschrieben hat; das nämlich wäre ein TEMPEST — olympische Kielbootklasse seit 1972, mit 24 qm Segelfläche.

Auch sonst kann man auf den Segeln allerlei fliegendes und Schwimmgetier abgebildet sehen: Schwalben, Möwen, Fische, Delphine usw., und Buchstaben jeder Art, die die Werften auf ihre Segel malen. — Wer sie nicht alle kennt, braucht sich weiter nicht zu schämen.

# *Karambolage*

Der Starnberger See mißt 57 Quadratkilometer. Auf ihm schwimmen 320 Motor- und 300 Elektroboote, dazu rund 4000 Segel- und Ruderboote. So sind für jedes Schiff 12 000 Quadratmeter vorhanden, so wäre im Prinzip hinreichend Platz für alle, und die Wahrscheinlichkeit, daß sich im selben Augenblick zwei Boote an derselben Stelle des Sees befinden, ist gering, rein rechnerisch.

Steffi und ich segelten auf den See hinaus. Das heißt, wir segelten nicht, sondern standen, von einer Flaute überfallen, etwa hundert Meter weit von unserm Liegeplatz entfernt und fünfzig Meter vor der nachbarlichen Hafenaus- und -einfahrt und dachten nach: Sollen wir nun wieder zurückpaddeln, oder warten wir, bis ein Lüftchen aufkommt?

Da hören wir Motorgeräusch: ein andres Segelboot, mit einem Kajütenhäuschen drauf, kommt aus dem Hafen. Es fährt mit Hilfsmotor, natürlich. Vorn auf dem Sonnendeck hockt einer und wickelt ein paar Schnüre auf. Der Steuermann, der den Motor bedient, ist hinter der Kajüte nicht zu sehen.

„Du schau“, sagt Steffi, „der fahrt uns z’samm!“

„Nie“, sage ich optimistisch.

Er ändert auch seinen Kurs, er weicht uns aus. Nein, doch nicht. Als er noch fünfzehn Meter von uns entfernt ist, biegt er wieder herum und wieder auf uns zu. Jetzt wird es ernst. Wir schreien: „Vorsicht, hallo, Sie!“, da blickt der Mann von seinen Seilen auf und schaut uns ratlos an. Noch fünf Meter, noch vier, noch drei, zwei, eins. — Zero: er rammt uns von hinten, unser Boot knirscht, mich schlägt das Baumende an die Schläfe.

Der Kapitän entschuldigt sich. Das täte ihm, sagt er, furchtbar leid, aber er hätte uns glatt übersehen.

Unser Boot ist aus Kunststoff und hat nun eine Beule: 5 bis 10 Millimeter tief, 6 Zentimeter lang, 4 breit, von welcher sternförmig mehrere Sprünge und Haarrisse ausgehen.

Man kann Kunststoffboote mithilfe weicher Spachtelmassen selber reparieren. Man kann auch eine Firma damit beauftragen, dann fällt die Arbeit etwas schöner aus, wird allerdings ein bißchen teurer: Zu seinem Glück ist der Kapitän des Kajütboots versichert.

# *Der gutversicherte Seemann*

Im Unterschied zum Autofahrer muß der Segler nicht versichert sein, weder haftpflicht- noch in andrer Weise. Wie nutzbringend es ist, sich dennoch zu versichern, zeigt das — wenn auch erdichtete — Beispiel des Segelschiffers Federweiß.

Herr Federweiß, ein sportlicher, jedoch nicht allzu meisterhafter Segler, hat auf einem See ein Segelschiff, eine Jolle, aus Kunststoff angefertigt. Als weitblickender Mensch hat er es mit Bedacht versichert, gegen sämtliche Gefahren, die ein Boot bedrohen.

Einen A-Schein hat er nicht.

> Das tut nichts. Zwar verlangen die Versicherungsbedingungen für Bootshaftpflicht und -kasko, daß „die Führung des Fahrzeuges in Händen einer genügend qualifizierten Person liegt", die Qualifikation aber braucht nicht durch Führerscheine bewiesen zu werden; auch prüfungslose Erfahrung reicht. Auf Gewässern freilich, wo amtlicher Scheinzwang herrscht, besteht auch die Versicherung darauf, daß man sein Kapitänspatent besitzt:
>
> „Ist für das Führen eines Wasserfahrzeugs eine behördliche Erlaubnis erforderlich, bleibt der Versicherer von der Verpflichtung zur Leistung frei, wenn der verantwortliche Führer beim Eintritt des Versicherungsfalles nicht die behördlich vorgeschriebene Erlaubnis besitzt." — So steht's in den Bedingungen.

Auf einem Anhänger hinter seinem Auto transportiert Herr Federweiß das Boot zum See. Dabei löst sich — wahrscheinlich war er nicht ganz richtig eingehängt — der Anhänger vom Wagen und kippt um. Das Boot fällt gegen einen Zaun, und die Zaunlatten brechen.

> Dafür braucht Herr Federweiß keine eigene Versicherung; das geschah „beim Betrieb des Kraftfahrzeuges"; seine Autohaftpflichtversicherung wird den Schaden am Zaun ersetzen.

Leider ist auch das Boot etwas verschrammt.

> Hier tritt die Boots-Kaskoversicherung ein, allerdings nur, wenn der Transport eigens versichert war. Bootstransportversicherung gibt es einzeln (wobei die Prämie pro Transport etwa 0,2 Prozent vom Bootswert ausmacht) und auch pauschal mit Europadeckung für das ganze Jahr (ungefähr 1 Prozent vom Bootswert). — Die Reisegepäckversicherung ist für ein Segelboot auf einem Trailer unzuständig; reisegepäckversicherbare Schiffe sind nur Schlauchboote, und zwar im unaufgeblasenen, verpackten Zustand.

Die Zeit, bis sein Boot repariert ist, überbrückt Herr Federweiß durch Anmietung eines Leihsegelschiffs.

Das muß er natürlich selber zahlen. Um Folgeschäden kümmert sich die Kaskoversicherung nicht.

Herr Federweiß besteigt das Mietboot, segelt zwei Stunden mit Erfolg, dann wird er durstig und beschließt, Kaffee zu trinken und zu diesem Zweck an einem Steg anzulegen. Da mehrere Damen auf dem Steg versammelt sind, versucht er ein ebenso elegantes wie tollkühnes Aufschießmanöver — das ihm jedoch mißlingt: er stößt an ein Boot, das hier vertäut liegt, und das Boot hat eine Beule.

Ein Haftpflichtschaden. — Mietboote sind normalerweise haftpflichtversichert. Falls einmal zufällig nicht, könnte sich Herr Federweiß an seine Privathaftpflichtversicherung wenden: bei manchen Gesellschaften ist seit neuerem das Risiko beim Führen fremder Segelboote eingeschlossen. Vorsichtshalber sollte man sich danach erkundigen, bevor man mietbootsegelt.

Auch am Federweiß'schen Leihboot ging der Anstoß nicht spurlos vorüber; es hat einige Kratzer, und der Vermieter begehrt Ersatz der Reparaturkosten.

Wäre das Mietboot kaskoversichert, würde die Versicherung auch diesen Schaden zahlen. Aber Mietbootskaskoversicherung ist teuer, und kaum ein Vermieter schließt sie ab. Die Bootshaftpflichtversicherung tritt, wie es ihre Art ist, nur für fremde Schäden ein, und auch die Privathaftpflichtversicherung, die Herr Federweiß abgeschlossen hat, nützt nichts: Schäden an geliehenen und gemieteten Sachen schließt sie ausdrücklich aus. Den Schaden zahlt Herr Federweiß aus der eigenen Tasche.

„Nächstesmal", denkt Herr Federweiß, „fahre ich mit dem Hilfsmotor zum Steg; das ist einfacher."

Recht hat er. Sollte ihm auch dabei ein Haftpflichtschaden unterlaufen, wird die Versicherung des Segelbootes ihn genauso decken. Sie hat nichts gegen die Benutzung eines Hilfsmotors. — Die Deckung der Privathaftpflichtversicherung gilt allerdings nur für Segelschiffe ohne Hilfsmotor.

Bald ist das Federweiß'sche Boot wieder gerichtet. Herr Federweiß wohnt nah am See, hat einen Bootsanhänger und eine geräumige Garage, also entschließt er sich, die Kosten für den Liegeplatz zu sparen und das Schiff die Woche über in die Garage einzusperren. Nur zum Wochenende zieht er's an das Wasser. Aber so weit kommt es gar nicht: eines Nachts brechen Diebe in die Garage ein und stehlen ihm sein Boot.

Dieses Boot besteht, wie man schon weiß, aus Kunststoff, und das ist ein großes Glück. Nun nämlich muß die Hausratversicherung dafür bezahlen, die — nach

§ 2 VHB — „in der Wohnung befindliches Kraftfahrzeugzubehör, Falt-, Schlauch-, Kunststoffboote und Kanus" zu ihrem Risikoprogramm und privat genutzte Garagen, die auf dem Wohngrundstück stehen, zur Wohnung rechnet. Die Kunststoffboote sind wohl nur aus Versehen in die Bedingungen geraten: man dachte dabei wahrscheinlich mehr an kleine Plastikkähne, aber das spielt keine Rolle: auch ein Segelschiff aus Kunststoff ist ein Kunststoffboot (wäre es aus Sperrholz, wäre die Hausratversicherung aus dem Schneider).

Herr Federweiß hat zweimal Glück: sein Boot, gebraucht gekauft, ist schon drei Jahre alt; trotzdem ersetzt die Hausratversicherung den Neuwert (sofern der Zeitwert nicht bereits auf weniger als 50 Prozent des Neupreises gesunken ist). — Auch Bootskaskoversicherung schließt die Garage ein, allerdings zu erheblich schlechteren Bedingungen; hier wird nach Zeitwert ersetzt, und jedes Jahr, das das Schiff altgeworden ist, hat Abzüge zur Folge: Für Außenbordmotoren, Planen und Persenning kriegt man im vierten Jahr noch 75 Prozent, für „laufendes Gut" (= Tauwerk, das durch Ösen, Blöcke usw. läuft) 50 Prozent, fürs übrige 80.

So aber bekommt Herr Federweiß viel Geld, kauft sich ein neues Boot, diesmal einen Jollenkreuzer mit Kajüte, mietet einen Liegeplatz in einem Hafen, und als er acht Tage später Nachschau hält, muß er feststellen: Wieder waren Diebe da. — Das Boot haben sie zwar nicht mitgenommen, wohl aber den Mast, den Außenbordmotor und ein kleines Kofferradio aus der — zugesperrten — Kajüte.

Das meldet Herr Federweiß seiner Kaskoversicherung. Die kostet pro Jahr 2 oder 3 Prozent des Bootswertes als Prämie und ersetzt, mehr oder minder und zum Zeitwert, was am eigenen Boot infolge Unfall, Blitzschlag, Brand, Explosion, höherer Gewalt und Diebstahl abhanden kam oder beschädigt wurde:

den Mast bezahlt sie; 20 Prozent des Preises freilich bleiben dem Herrn Federweiß zur Selbstbeteiligung; das ist beim einfachen Diebstahl vorgesehen;

der Außenbordmotor ist meistens nur im Strandungsfall, bei Einbruchdiebstahl und beim Diebstahl des ganzen Bootes mitversichert; nur wenige Gesellschaften schließen — gegen Zuschlagprämie von etwa 1 Prozent des Motorwerts — das Risiko des einfachen Motordiebstahls ein (weshalb Diebe, die dies lesen, gebeten werden, stets alles mitzunehmen; das ist vorteilhaft für beide Teile).

Die Dinge in der abgeschlossenen Kajüte müssen extra in die Bootskasko aufgenommen werden; für ca. 3 Prozent ihres Wertes kann man sie mitversichern.

Unverdrossen rüstet Herr Federweiß sein Boot mit einem neuen Mast und einem neuen Motor aus. Und schon segelt er wieder, diesmal als Teilnehmer einer Regatta.

Regattarisiko ist durch die normale Bootsversicherung nicht gedeckt, durch Zahlung einer erhöhten Prämie kann man es jedoch miteinschließen.

Wie nicht anders zu erwarten, rammt Herr Federweiß dabei alsbald ein gegnerisches Boot. Dieses gegnerische Boot wird dabei stark beschädigt, Herrn Federweißens Schiff nur leicht. Überdies brach sich der Vorschotmann im andern Boot eine Rippe.

Die Reparatur des Federweiß'schen Boots zahlt die Kaskoversicherung; selbst wenn der Schaden klein ist, meldet ihn Herr Federweiß, denn es gibt hier keinen Schadenfreiheitsrabatt, den er verlieren könnte.

Den Schaden am Boot des Gegners übernimmt gleichfalls die Kaskoversicherung des Herrn Federweiß; denn sie ist mit einem „Kollisionsersatz an Dritte" kombiniert. Diese Kollisionsversicherung umfaßt jedoch nur Sachschäden; außerdem muß der Versicherte 10 Prozent des Schadens — mindestens 15 Mark — selber bezahlen; und schließlich reicht sie nicht sehr weit: Eigen- und Fremdschaden werden zusammen nur bis zur Höhe der Versicherungssumme (= Wert des Bootes) ersetzt. Da dies unter Umständen — etwa beim Zusammenstoß mit einem sehr teuren Schiff oder beim Totalschaden des eignen Fahrzeugs: da bleibt für den andern nichts mehr übrig — nicht genügt, sieht sich Herr Federweiß genötigt, auch noch eine Bootshaftpflichtversicherung abzuschließen, die nun erheblich weiter reicht; sie deckt auch Personenschäden (bis 500 000 oder 1 Million Mark), sie kommt für Sachschäden bis 10 000 oder auch bis 100 000 DM auf, und sie tritt auch dann ein, wenn der Schaden grobfahrlässig gestiftet wurde (was die Kaskoversicherung eigens ausschließt).

Assekuranzexperten, gefragt, ob man denn hier nicht für eine und dieselbe Sache zweimal zahlt, behaupten: Keineswegs, das sei keine Doppelversicherung. Vielmehr könne die Haftpflichtversicherung nur deswegen so preiswert sein (für 15 Quadratmeter Segelfläche bei 500 000 Mark Personen- und 10 000 Sachschadendeckung 26 Mark im Jahr), weil ihr die Bagatellen schon durch die Kaskoabteilung abgenommen werden.

Ermattet hängt Herr Federweiß sein Schiff an einen Steg und geht an Land. „Hoffentlich", denkt er, „wird es mir jetzt nicht auch noch gestohlen."

Solch ein Diebstahl wäre keine nennenswerte Katastrophe: das Schiff ist nicht nur an seinem Liegeplatz versichert, sondern auch an fremden Stegen.

Es wird auch nicht gestohlen, aber etwas anderes begibt sich: ein Wind kommt auf, ein ziemlich heftiger, der Knoten, den Herr Federweiß geknüpft hat, erweist sich als wenig haltbar, das Boot schwimmt weg, wird irgendwo an ein Ufer getrieben und wieder einmal beschädigt.

Das ist ein Fall, der nicht versichert ist: für „Schäden durch mangelhafte Vertäuung oder Verankerung" kommt die Kaskoversicherung nicht auf.

Aber ein Sportsmann gibt sich nicht so leicht geschlagen. Wieder segelt Herr Federweiß, und wieder ereignet sich Schlimmes: ein neuer Wind bricht los, Schaumkronen schwimmen auf den Wellen, die Bäume am Ufer biegen sich und ächzen, das Wetteramt spricht von Windstärke 7, das Federweiß'sche Boot fällt um. Und der See verschlingt es. Herr Federweiß wird Gottseidank gerettet.

Und schon wieder bekommt er von der Kaskoversicherung ein neues Schiff.

Aber er möchte mehr. In der Kajüte hatte er schöne Dinge: ein Radio, einen teuren Fotoapparat, zwei Pullover, einige Flaschen Wein und Schnaps. Auch sie liegen jetzt auf dem Grund des Sees.

Radio, Kamera, Pullover, Wein, Schnaps — das sind „Effekten", und Effekten kann man gegen Prämienzuschlag mitversichern. — Sollte dieser Zuschlag nicht gezahlt sein, wäre an die Reisegepäckversicherung zu denken. Ist auch sie nicht abgeschlossen, dann könnte man versuchsweise die Hausratversicherung bemühen, die ja Sachen einschließt, welche sich vorübergehend außer Haus befinden. Wahrscheinlich aber ist der Erfolg in diesem Fall gering: Sie erkennt Stürme erst dann als solche an, wenn wenigstens Windstärke 8 herrscht. Und selbst diese Windstärke genügt noch nicht: der Sturm muß unmittelbar auf den Hausrat wirken. Hier aber blies er nur das Schiff um. Der Verlust ist auf das Sinken des Boots zurückzuführen, der Sturm also nur der mittelbare Anlaß.

*

Die Prämien, die man zu zahlen hat, sind von Gesellschaft zu Gesellschaft recht verschieden. Und überdies schwer vergleichbar: hier sind nur die deutschen Binnenwässer eingeschlossen, dort auch Nord- und Ostsee, da alle Küsten Europas oder die europäischen Binnenseen, bei der einen Versicherung Regattarisiko, bei der andern auch Transport, die Deckungssummen schwanken etc. — Kurzum, man kann nichts tun, als Angebote mehrere Gesellschaften einholen und das passendste wählen.

# *Straßenkreuzer*

Unser Boot wurde in Rosenheim gemacht. In Possenhofen kam's in den Starnberger See. Von Rosenheim nach Possenhofen sind es zirka 100 Kilometer. Bootspreise gelten ab Werft, etwaige Lieferung kostet extra; sparsame Sportsleute transportieren ihre Schiffe selbst.

Die billigste Methode wäre die, das Boot aufs Autodach zu binden. Ein Spezialbootsdachgepäckträger kostet ab 50, 60 Mark. Sehr viel nützt diese Nachricht den Segler leider nicht: die zulässige Dachlast ist — von der Autofabrik — begrenzt. Großzügige Werke erlauben 75 oder 80 Kilo, die meisten Autodächer dürfen nicht mehr als 60 tragen. Nicht weil der Wagen unter dem Gewicht von 100 Kilogramm bereits zusammenbräche, sondern aus fahrtechnischen Gründen: Je mehr man auf das Dach packt, um so höher steigt der Schwerpunkt, und um so grauenhafter werden die Fahreigenschaften. Selbst verhältnismäßig windschnittig gebaute Schiffe führen zu diesem Effekt.

Freilich, wenn die Überlast nicht kilometerweit erkennbar ist, wird selten ein Schutzmann daran Anstoß nehmen. Der Vorwurf — und die Strafe — folgt aber sicher dann, wenn ein Unfall geschehen ist.

Also wird man einen Bootsanhänger brauchen, einen sogenannten Trailer. Der kostet im günstigsten Fall, für eine kleine Jolle, gut 500 Mark. Dazu kommen 300 oder auch 400 Mark für die Anhängerkupplung einschließlich Montage und elektrische Anlage (denn der Anhänger braucht ja Brems-, Schluß- und Blinkleuchten).

Das zulässige Anhängegewicht (Trailer plus Ladung) für einachsige Anhänger ohne eigene Bremse beträgt — § 42 Absatz 2 StVZO — „höchstens die Hälfte des um 75 kg erhöhten Leergewichts des ziehenden Fahrzeugs, aber nicht mehr als 750 kg". Das Leergewicht des Zugfahrzeugs ist in den Kraftfahrzeugschein eingetragen.

Für schwerere, größere Schiffe braucht man teurere Anhänger, mit Auflaufbremse, die 1500 oder 1700 DM kosten oder auch noch mehr. Wieviel man mit ihrer Hilfe ziehen darf, bestimmt wieder der Automobilhersteller.

Kulante Bootswerften leihen einem, zum Einmal-Abholen, den Trailer einen Taglang gratis. Das Auto leihen sie einem nicht, also mietet man sich eins mit Kupplung — was auch nicht ausgesprochen billig kommt: Wir haben für einen Mercedes 220 D 50 Mark am Tag, 44 Pfennig pro Kilometer, 11 Prozent Mehrwertsteuer und das Dieselöl gezahlt.

Wer als seßhafter Mensch sein Schiff ein Lebenlang am selben Wasser liegenlassen will, dessen Transportspesen sind damit erschöpft. Hat man öftere Ortsveränderungen vor, vom See nachhause, von zuhaus zum See und in den Urlaub, dann wird man um die Anschaffung eines eigenen Trailers nicht herumkommen. Dann muß man wissen: Bootstrailer sind — wie eisenbereifte Möbelwagen, Straßenreinigungsanhänger, Anhänger des Abwehrdienstes gegen den Kartoffelkäfer und dergleichen — nach § 18 Absatz 2 Ziffer 6 m StVZO zulassungsfrei und kosten weder Steuer noch Versicherung (sie sind mit dem ziehenden Fahrzeug mitversichert). Nur eine „Allgemeine Betriebserlaubnis" brauchen sie, die man vom Hersteller mitbekommt.

Obacht: Ausländische Anhänger, die oft zusammen mit dem Schiff angeboten werden, haben diese Betriebserlaubnis häufig nicht; man müßte sich, ziemlich umständlich, selbst darum bemühen und womöglich erfahren: dieser Trailer entspricht den deutschen Vorschriften nicht und darf hier nicht verwendet werden. — Drum kauft man Trailer aus dem Ausland nur, wenn die deutsche Betriebserlaubnis dafür vorliegt.

Mit der Anhängerkupplung muß man, auch wenn sich's um ein durchaus typgeprüftes Modell handelt, zum TÜV; dort wird nachgesehen, ob sie richtig montiert ist, und dann wird sie in den Kraftfahrzeugschein eingetragen.

Eine eigene Nummer braucht der Trailer nicht. Ihm genügt die des Zugfahrzeugs. Es reicht, wenn man sie auf ein Stück Karton schreibt und den Karton ans hintere Anhängerende hängt.

Trotz Zulassungsfreiheit ist ein Bootstrailer ein Anhänger. Personenwagen mit Anhänger dürfen nach § 3 Absatz 3 Ziffer 2 StVO auf deutschen Straßen, inklusive Bundesautobahnen, nicht schneller fahren als 80 km/h.

Im Zusammenhang mit der Steuer- und Zulassungsfreiheit erhebt sich eine interessante Frage: Darf man den Bootsanhänger auch dazu benutzen, andere Gegenstände, wie Bauernschränke, Christbäume etc., zu befördern?

Die Straßenverkehrszulassungsordnung verrät darüber nichts; sie sagt in ihrer lapidaren Art nur:

„Ausgenommen von den Vorschriften über das Zulassungsverfahren sind

. . . . .

folgende Arten von Anhängern:

. . . . .

m) Spezialanhänger zur Beförderung von Sportgeräten oder Tieren für Sportzwecke;

. . . . ."

Jetzt müßte man wissen: Worauf kommt es an? Reicht es, daß der Trailer, von Beruf gewissermaßen, ein Bootsanhänger ist? Dann dürfte man mit ihm befördern, was man will. — Oder ist das Kriterium seine tatsächliche Verwendung? Dann darf man nicht.

In den Kommentaren steht darüber nichts. So sieht man sich gezwungen, den mutmaßlichen Willen des Gesetzgebers zu erforschen, und der ging ohne Zweifel dahin, dem Sportsmann den Verkehr zu erleichtern, nicht aber, Christbaumtransporteuren die Steuer zu ersparen. Also darf man wohl eher nicht.

Etwas anderes aber darf man: den Anhänger nicht nur auf der Straße ziehen, sondern ihn auch ins Wasser fahren (nachdem man die elektrische Leitung ausgeklinkt hat), so tief, bis das Boot aufschwimmt und der Trailer darunter weggezogen werden kann. Man spart sich so als Anhängerbesitzer immerhin den Ankauf eines Slipwagens (siehe Seite 20); was allerdings nur ein verhältnismäßig schwacher Trost ist: Slipwägen sind schon für 150 Mark zu haben.

# *Schiff auf Reisen*

Wer sein Schiff, weil er Urlaub und einen Anhänger hat, bis in fremde Länder ziehen will, der hat — so offen sind die Grenzen heutzutage — nur mehr wenige nationale Sonderlichkeiten zu beachten.
Hauptsächlich folgende:
BELGIEN verlangt für Segelboote, die länger als 5 Meter 50 sind, und für alle Motorboote ein Triptik oder Carnet des Passages.
FRANKREICH ebenso.
In ITALIEN darf man mit Bootsmotoren ab 5 PS nur fahren, wenn man eine Haftpflichtversicherung abgeschlossen hat, die auch für Italien gilt. Sinnvollerweise schlösse man die Versicherung auch ab, wenn man nicht müßte (siehe Seite 122 ff.).
Die TÜRKEI ist das anspruchsvollste Land — aber wer schleppt sein Segelboot schon gleich so weit? Hier wird ein Carnet oder Triptik für jedes Schiff gefordert, egal ob mit oder ohne Motor und wie lang und wie kurz.
Die Papiere bekommt man bei den Automobilclubs, auch wenn man kein Mitglied ist — dann freilich zu erhöhten Preisen (oder umgekehrt: als Mitglied billiger).
Der ADAC beispielsweise nimmt folgende Gebühren:

mit einem Segelboot, das weniger wert ist als 3000 Mark, bezahlt man

| | als Clubmitglied | | als Nichtmitglied |
|---|---|---|---|
| fürs 3-Monats-Triptik | 6,— | DM | 9,— |
| fürs Jahres-Triptik | 9,— | | 14,— |
| fürs 3-Monats-Carnet | 12,— | | 18,— |
| fürs Jahres-Carnet | 18,— | | 27,— |

als Besitzer eines Segelschiffs im Wert von über 3000 Mark:

| | als Clubmitglied | | als Nichtmitglied |
|---|---|---|---|
| fürs 3-Monats-Triptik | 9,— | DM | 14,— |
| fürs Jahres-Triptik | 18,— | | 27,— |
| fürs 3-Monats-Carnet | 24,— | | 36,— |
| fürs Jahres-Carnet | 36,— | | 54,— |

Der Unterschied zwischen Carnet und Triptik besteht darin, daß ein Triptik nur für ein bestimmtes Land ausgestellt wird, während man mit einem Carnet sein Boot fast in der ganzen Welt herumziehen kann; darum ist es teurer.

# *Und hab ein weit Revier*

Was ist schöner: Auf einem großen See zu segeln, der 30 oder 50 Kilometer lang und 15 breit ist oder auf einem kleinen mit 5 Kilometern Durchmesser?
Kein Zweifel, denkt der Laie, selbstverständlich auf dem großen.
Dann sucht er sich dort einen Liegeplatz, dann segelt er, und dann wird er, wenn er sein Verhalten selbstkritisch beobachtet, feststellen: Kleiner See — großer See — es kommt aufs selbe raus. Nicht nur er, sondern auch die überwiegende Mehrzahl der andern Segelleute (ausgenommen die mit Hilfsmotor) bewegen sich stets innerhalb eines äußerst eng begrenzten Reviers. Das reicht in unserm Falle nordwärts ungefähr bis Berg, nach Osten bis zum andern Ufer, südlich ein Stück über die Roseninsel hinaus. Da kreuzt man herum. (Siehe Skizze Seite 106)
Die Leute von Starnberg und die von Bernried sind wie fremde Völkerstämme, man sieht ihre Schiffe in der Ferne, aber man begegnet ihnen nie.
Gegenüber Badegästen, die bloß 50 Meter weit hinauszuschwimmen pflegen, ist das immerhin ein stark erweitertes Gebiet. Aber wenn der See gleich hinter Berg und noch vor Tutzing zuende wäre, würde man dies kaum als störend empfinden. Mal fahren wir nach Leoni zum Kaffeetrinken, mal auf die Südseite der Roseninsel, um zu baden. Natürlich könnten wir auch weiter segeln, aber wir müssen schließlich auch wieder heim.
In Seeshaupt, an der Südspitze des Sees, wohnen mein Freund Oskar und Hilde, seine Frau. Einmal im ganzen Sommer haben wir sie besucht. Um 10 Uhr früh sind wir aufgebrochen.
Bis zur Insel ging's ganz gut. Dann brach die Flaute los. Nur hier und dort kräuselte ein sanfter Luftzug das Wasser und nahm uns gnädig ein Stücklein mit. Es war eine gemütliche Seefahrt. Haupt- und Vorsegel hatten wir festgemacht und lagen an Bord in der Sonne. Um 12 standen wir vor der Bucht von Tutzing. Stellenweise hatten wir fast Windstärke zwei. Kurz nach eins waren wir bei Bernried, dort fing es etwas zu wehen an, aber nur ein paar Minuten lang, dann schlief die Brise wieder ein.
Um halb zwei versuchten die Seeshaupter, den Wind durch Sturmvorwarnung herbeizulocken. Aber die nützte auch nicht, um zwei erlosch das Licht. Erst auf den letzten zwei Kilometern kam kräftigerer Wind, der uns um halb 3 in Seeshaupt landen ließ. Wir nahmen die Segel ab und zogen unser Schiff aufs Land.
Von Possenhofen nach Seeshaupt sind's auf der Straße etwa 20 Kilometer, zuwasser 15; durch häufiges Kreuzen verlängert sich die Strecke sehr.
Wären wir nun nach schnellem Grüßgott um drei Uhr wieder abgefahren oder hätten

wir, noch zeitsparender, grußlos umgedreht, hätten wir mindestens dieselbe Zeit gebraucht, um wieder zu unserm Liegeplatz zu kommen. Da der Wind um 5 Uhr regelmäßig völlig aufhört, hätten wir bestenfalls die Tutzinger Bucht erreicht und den Rest der Strecke — 6 Kilometer — rudern müssen. — Oder ein geldgieriger Motorschiffer hätte uns heimgeschleppt. — Oder wir hätten unser Boot irgendwo gelassen. Aber erstens wo? Zweitens: Wann fährt der nächste Zug, der uns nachhause bringt?

Also ließen wir unser Boot in Seeshaupt, fuhren ein paar Tage später wieder hin — mit dem Zug —, besuchten Oskar schnell am Vormittag und segelten zurück. An diesem Tag wehte ein steifer Wind aus Nordnordost, der uns auf fast geradem Wege, mit nur zwei Wendemanövern, in 1 Stunde 45 Minuten nach Possenhofen brachte.

Ein paarmal haben wir auf dem Chiemsee gesegelt. Der Chiemsee mißt 82 Quadratkilometer. Wir nahmen uns in Gstadt ein Boot, fuhren vorbei an der Fraueninsel, umrundeten die Krautinsel, segelten um die Fraueninsel herum, legten an, tranken einen Kaffee und fuhren zurück nach Gstadt — da war der Nachmittag vorbei.

Nun kommt es glücklicherweise weniger darauf an, wo man, sondern daß man segelt. Das Heimatkennenlernen, das Ansegeln ferner Ziele am Horizont ist von sekundärer Wichtigkeit, das Wasser ist überall gleich. Man segelt nicht, um möglichst zuverlässig von hier nach da zu kommen — dazu gäbe es praktischere Verkehrsmittel —, sondern um zu segeln. Und so macht's dem Segler gar nichts aus, daß sein Revier nur von bescheidener Größe ist. Das ausgesprochene Fernweh ist ihm fremd.

# *Zweite Hilfe*

Es ist der Brauch, daß man Bootsfahrlehrbüchern ein Kapitel beifügt, das dem ersten Helfer rät, wie er sich angesichts von Hitzschlägen und Sonnenstich Getroffener, Ohnmächtiger, Halbertrunkener und sonstwie Havarierter zu betragen hat:

- an warmen und kühlen Ort verbringen;
- vorsichtig hinlegen;
- Kopf tief bei Blässe;
- wiederbeleben;
- Doktor holen;
- Kleider öffnen, wenn sich's nicht grad um eine schöne Dame handelt;
- Schnaps erst zu trinken geben, wenn der Lebensgeist wieder erwacht ist.

Bei der A-Schein-Prüfung wird gefragt:
„Was machen Sie bei einem Knochenbruch?"
Antwort: Ich stelle das gebrochene Glied ruhig und schiene es behelfsmäßig.
Oder: „Sie bergen einen Bewußtlosen aus dem Wasser. Was tun Sie dann?"
Antwort: Ich reinige seine Atmungswege von Schlamm, lasse seinen Kopf samt Oberkörper nach unten hängen, damit das Wasser aus den Atmungswegen herauslaufen kann. Dann mache ich Mund-zu-Mund-Beatmung.

Nach unserer Erfahrung aber sind die Hauptkrankheiten eines Segelsportsmanns nicht das Ertrinken und schon gar niemals Überhitzung oder Sonnenstich: der Segler leidet insbesondere an Rheuma und Katarrh, an Blasen an den Händen, Kratz- und Schürfwunden an Beinen oder Füßen, blauen Flecken an diversen Körperstellen, gebrochenen Fingernägeln und dergleichen.

Der Katarrh kommt dadurch zustande, daß das Wetter an sich schön und sonnig ist und zum Segeln in der Badehose animiert. Dies aber ist — siehe Seite 80 — nur unter flautenähnlichen Bedingungen empfehlenswert: vom Spritzwasser benetzt, von Wellen angefallen, naß vom Kopf bis Fuß, vom Wind beblasen, erkältet man sich halt — als Jollensegler insbesondere — und wird von Schnupfen und verwandten Leiden ereilt. — Vorbeugung: wärmer und wasserdichter anziehen.

Blasen kommen durch die Bedienung der Schoten und des Großfalls — der Segelschnüre also — zustande, vorwiegend bei starkwindigen und böigen Verhältnissen, wenn man sie kräftig festhalten muß, und auch beim Aufziehen der Segel, wenn diese nicht gutwillig in der Mastnut gleiten. Erste Hilfe: Pflaster drüber. Vorbeugung: notfalls Handschuhe tragen.

Fleischwunden werden verursacht durch Berührung mit kantigen, harten Gegenständen, mit denen das Boot an vielen Stellen ausgestattet ist. Es gibt Bootsbauer, die mit sadistischer Raffinesse schneidende und spitze Teile übers Schiff verteilen, welche den Menschen, der ihnen zu nahe kommt, schmerzhaft verkratzen können. Unser Schwertkasten zum Beispiel, der aus Kunststoff besteht, wurde am obern Ende beiderseits, offenbar vorsätzlich, scharfgeschliffen. Lenzventile haben gern messerähnliche Flossen, auf die man aus Versehen tritt; Schwerter werden mit eigens zugespitzten Splinten in den Kasten eingehängt, Schäkel mit mikroskopisch kleinen, aber kräftigen Sprengringen bewehrt, die jeden Fingernagel splittern lassen; der Großbaum hat am hintern Ende vorspringende, aber dünne Kanten, damit man, wenn er einen einmal an den Kopf gehauen hat, in Zukunft besser aufpaßt. Vorbeugung: Man decke, solche Stellen mit aufgepappten weichen Gummi- oder Kunststoffstücken ab oder verklebe sie wenigstens mit Leuko- oder Hansaplast — das man zur Behandlung solcher Wunden ohnehin stets mit sich führen sollte.

# *Knoten: Einer für alles*

Zu den nützlichsten und schönsten Seemannstugenden gehört die Fähigkeit, Knoten zu knüpfen. Es gibt schier zahllose seemännische Knoten, darunter äußerst sehens- und bewunderswerte, deren Vorzug und Eigentümlichkeit darin bestehen, daß sie sehr fest und zuverlässig halten, sich aber — im Unterschied zu Hausfrauen- und ähnlichen Knöpfen, bei Bedarf ziemlich mühelos wieder aufmachen lassen, selbst wenn sie — womit im Wasser ja stets zu rechnen ist — naßgeworden sind.

Es ist hübsch und in einem gewissen Maße beinah unterhaltsam, Seile zu Knoten zu verschlingen, und wer etwa die A-Schein-Prüfung machen will, von dem wird im Fach „Seemannschaft" die Beherrschung folgender Knoten verlangt: Achtknoten, Kreuzknoten, Rundtörn mit zwei halben Schlägen, einfacher und doppelter Schotstek, Slipstek, Webeleinstek, einfacher Palstek, Stopperstek.

Die Erfahrung lehrt indessen, daß der Gelegenheitsseemann die Mehrzahl dieser Knoten, selbst wenn er sie in der Segelschule üben mußte, schnellstens wieder vergißt und dann sein Schiff zeitlebens immer mit dem unguten Gefühl verläßt: Bis ich zurückkomme, ist es vielleicht längst fortgeschwommen.

Da bleibt nichts übrig als, wie auch in andern Branchen, sinnreiche Spezialisierung: auf fast nicht mehr als einen Knoten, der sich universal für jegliche Gelegenheit verwenden läßt.

Er heißt „Palstek" (zu deutsch „Pfahlknoten") und geht so, wie es die leichtfaßlichen Skizzen auf den folgenden Seiten demonstrieren.

Zuvor aber noch ein anderer Seiltrick:

## DER ACHTKNOTEN

„Knoten" ist hier eigentlich zuviel gesagt, der Achtknoten ist nichts als eine doppelte Schlinge und hat keinen tieferen Sinn als den, Schnüre, die man durch eine Öse oder sonst ein Loch gezogen hat, daran zu hindern, daß sie gleich wieder aus demselben rutschen. Er ist eine halt- und doch leicht lösbare Verdickung des Seilendes. Da er weder Zug noch sonstwas auszuhalten hat, braucht er nur mäßig festgezogen zu werden. Seine Herstellung ist dementsprechend einfach:

1) Die Schnur wird in die linke Hand genommen. Die rechte arbeitet mit dem kurzen freien Ende und macht ein sogenanntes Auge, eine schlichte Schlinge, in die Schnur, wobei das freie Ende auf dem langen Seilstück liegt.

2) Nun wird das freie Ende unterm festen durchgeschoben, so daß die bekannte Ziffer 8 entsteht.

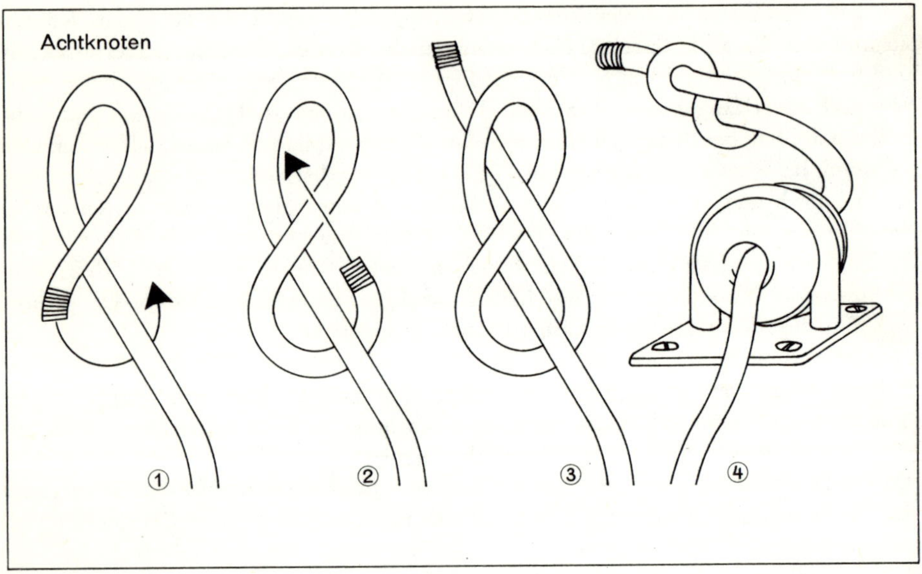


*Skizze 25*

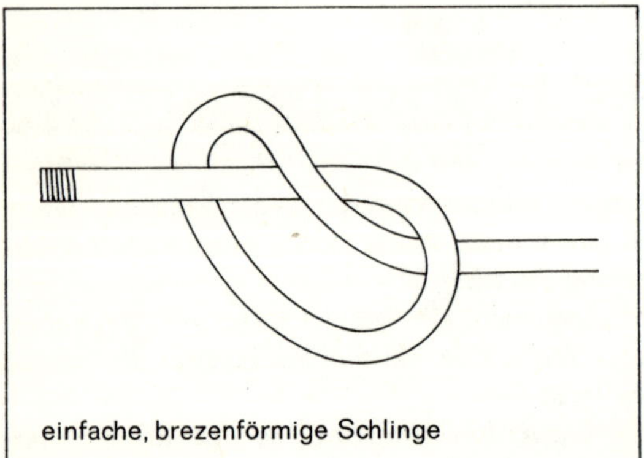


*Skizze 26*

3) Freies Ende durch die obere Achterschlinge.
4) Ein bißchen anziehen, fertig.

Sollte jemand auch den Achtknoten vergessen, so kann er sich ersatzweise mit einer einfachen brezenförmigen Schlinge behelfen:

## DER PALSTEK

Das ist der angekündigte Universalknoten für alle Zwecke. Ein Leser, der ihn lernen möchte, täte gut daran, nun ein Stückchen Schnur, kein allzu dünnes, zur Hand zu nehmen und den Palstek mitzuknüpfen. Nicht nur einmal und nicht bloß heute, sondern immer wieder, bis er ihn fast im Schlaf und mindestens so selbstverständlich wie seinen Krawattenknoten binden kann.

Die Schnur nimmt er wieder in die linke Hand, wieder legt er eine Schlinge, und wieder läuft das freie Ende über das lange feste Seilstück. So wie in der Skizze 25, Nr. 1. Und jetzt merkt man sich folgende Geschichte:

1) Es war einmal ein See — der von dem Auge dargestellt wird.
2) Aus diesem See kam eine Schlange — das freie Ende des Seiles nämlich.
3) Sie kroch, und zwar genauso, wie's die Zeichnung zeigt, im Sinn des Uhrzeigers um einen Baum herum. Der Baum wird durch das lange, feste Seilstück dargestellt.
4) Und dann sprang sie wieder in den See.

Damit ist die Geschichte aus — nicht ohne Pointe: Zieht man nun beiderseits, wie in der Skizze angegeben, dann entsteht eine Schlinge, die weder größer werden noch zusammenschrumpfen kann.

Der Palstek ist der erfreulichste unter allen Seemannsknoten, denn es gibt kaum eine Festmachsituation, welcher er nicht gewachsen wäre. Man kann die Palstekschlinge über schlanke Pfähle oder dicke Poller stülpen, kann sein Schiff damit an Mauerringe, waagerechte Balken oder Bojen binden, kann Schiffbrüchige oder mitfahrende Kinder, die man nicht verlieren will, und Rettungsringe mit seiner Hilfe an Bord anknoten. Sogar der Kreuzknoten, der zum Verbinden zweier Schnüre dient, läßt sich durch den Palstek ersetzen, indem man erst ein Schnurende mit ihm versieht, sodann das andere ebenfalls und dabei die Schlinge des zweiten durch die Schlinge des ersten laufen läßt.

Bloß in einem Falle taugt der Palstek wenig: dann, wenn man Leinen aus rutschigem und glattem Kunststoff hat. Das einfachste ist, solche Leinen nicht zu haben. Wenn aber doch, dann ist ein doppelter Palstek vonnöten.

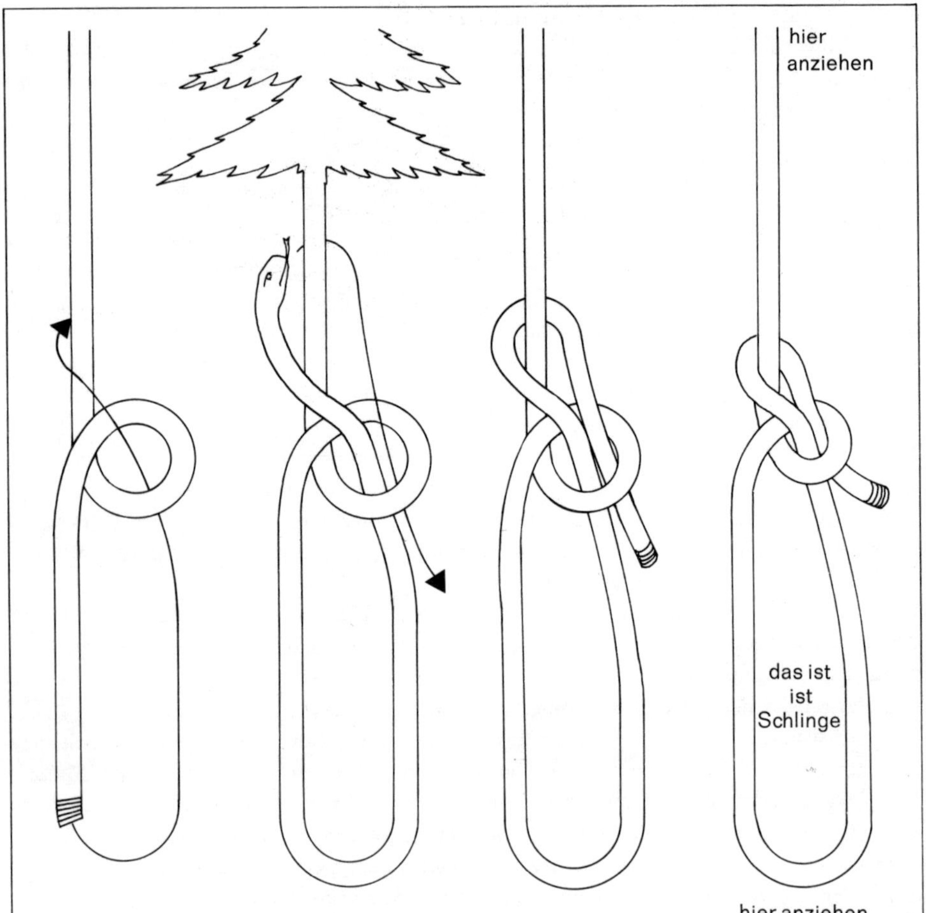


*Skizze 27*

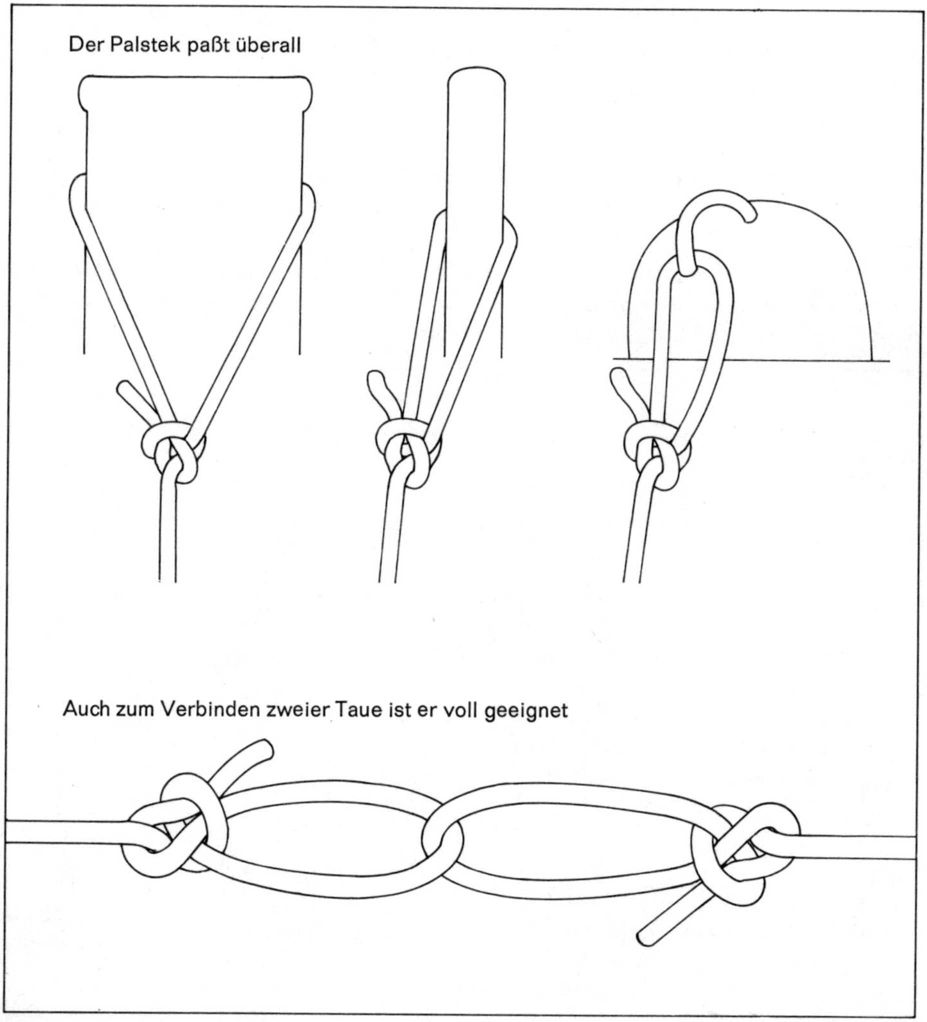
Der Palstek paßt überall
Auch zum Verbinden zweier Taue ist er voll geeignet

*Skizze 28*

DER DOPPELTE PALSTEK

1) Er beginnt, wie der einfache Palstek, mit einem Auge, nur daß hier die Leine doppelt liegt.

2) Man biegt das Schlauchende A um, steckt es, von hinten, durch das Auge A

3) und stülpt's über die Schlinge B.

4) Jetzt führt man das Schlingenende A in Pfeilrichtung nach oben,

5) bis übers Auge und zieht dann am freien Ende C und an der Schlinge B den Knoten fest.

Das Ergebnis ist das gleiche wie beim Einfachpalstek: eine beliebig große Schlinge, die sich nicht auseinander- und auch nicht zusammenzieht. Aber, wie gesagt, wer den doppelten Palstek braucht, ist selber schuld: Hätte er ordentliche Schnüre!

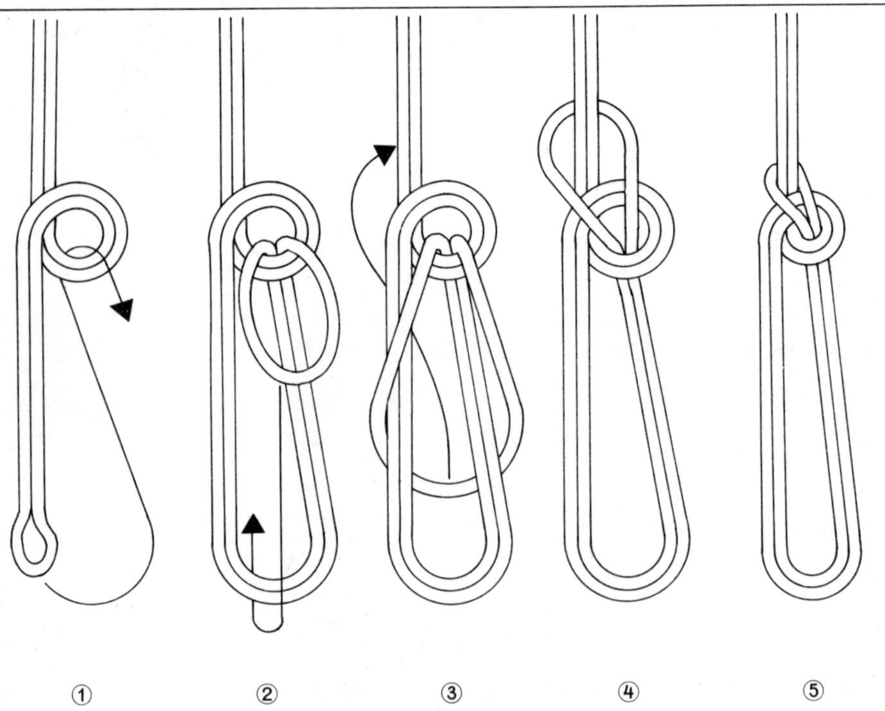


*Skizze 29*

*Wichtiges Zubehör, besonders wenn das Ufer weit ist und das Wasser kalt: die Schwimmweste.*

*Für kühle Segeltage sehr empfehlenswert, wenn auch nur von bedingter Kleidsamkeit: ein Ölanzug. Preis: kaum unter 130 Mark.*

*Segelschulen gibt es schier zahllose. In manchen lernt man was, in vielen lernt man nichts.*

*Das Rudern eines Segelbootes ist kein größeres Vergnügen. Am besten geht's, wenn man sich vornhin an die Spitze setzt.*

*Am Sonntag sind die Seen voll von Booten. Weshalb, recht bedacht, das Dienstags- oder Mittwochssegeln dem Sonntagssegeln vorzuziehen ist. Im Vordergrund fährt ein Korsar. Das schöngestreifte Ballonsegel rechts im Hintergrund ist ein Spinnaker.*

# *Segellehrer: Einer für 30*

Es gibt zahlreiche Segelschulen, an jedem besseren Gewässer eine ganze Reihe. Sie bieten Sechs- und Vierzehntagekurse für Anfänger, Fortgeschrittene und A-Schein-Aspiranten an (sechs Tage ab 90 Mark, 14 Tage bis 450 DM Kursgebühr). Wochenendlehrgänge (dreimal Samstagsonntag 130 oder 160 Mark, vier Sonntage 50,—), Urlaubskurse auf Mallorca oder Elba, an der Adria, am Gardasse oder in Kärnten, mit und ohne Vollpension.

Manche sind von halbmilitärischer Art, da muß man weiße Hosen tragen (die angeblich dem Segelsport besonders adäquat sind), allmorgendlich grüßt man gemeinschaftlich die Flagge und wird barsch wie ein Schiffsjunge behandelt. — Andere sind freundlich und leger, da kann man in Badehosen oder Blue Jeans segeln und auch einmal sagen: Heute mag ich nicht, heut schwimm ich lieber.

Einige Segelschulen sind vorzüglich, und man lernt allerhand, wenn man sie vierzehn Tage lang besucht. Andere wieder sind völlig unbrauchbar.

Ich war einmal, vor zahlreichen Jahren, in einer Schule dieser unbrauchbaren Art. Sie bestand aus einem Segellehrer und seinem Gehilfen und aus zirka achtzig Schülern. Ein paar von diesen Schülern konnten schon ein bißchen segeln, zwei hatten sogar den A-Schein; einige waren bereits auf anderen Schulen gewesen. Diese Leute wurden zu Bootsführern ernannt, mit jeweils drei bis vier Untergebenen auf einen Jollenkreuzer gesetzt und auf den See geschickt.

Den Lehrer sahen wir allmorgendlich beim Theoretischunterricht, außerdem jedesmal beim Ablegen und In-den-Hafen-Fahren; denn dabei könnte ja ein Boot verkratzt werden. Um dies zu verhindern, brüllte er uns seine Befehle zu.

Mein Bootsführer war ein netter, weißhaariger Herr von zirka 62 Jahren. Zwei von uns waren pure Anfänger, einer hatte früher schon einmal ein Segelschiff gesehen, der saß an der Fock. Ich war der, der beim Segelsetzen die Plane vom Großsegel schälen durfte und dann, wenn vorn einer das Segel hochzog, hinten den Großbaum hielt. Manchmal, wenn fast gar kein Wind wehte, bekam ich eine Viertelstunde lang Segel und Pinne in die Hand. Ich wurde darauf dressiert, wenn der Bootsführer „abfallen" sagte, die Pinne an mich zu ziehen, und sagte er „anluven", die Pinne wegzudrücken. Das rief man mir abwechselnd zu. Und zwischendurch: „Dein Segel killt!" (Denn man duzt sich mit seinen Segelmitschülern.) Dann zog ich die Schot ein bißchen an. Ab- und Anlegen durfte ich nie, dabei könnte das Boot am Steg anstoßen, und dann hätte der Segelschulchef geschimpft. Halsen auch nicht. „Da fällt man so leicht um", sagte der Bootsführer und halste auch selber nie. Täglich zweimal durfte ich wenden.

Ich habe, schlicht gesagt, gar nichts gelernt und war imstande, als wir später allein zu segeln anfingen, schullos, mein Wissen in je zehn Minuten vollständig und lückenlos an meine Frau und meine Söhne weiterzugeben.

Mein Bootsführer kann nichts dafür. Er war ein schlechter Segler und war kein Pädagoge, und die Verantwortung für Boot und Crew bedrückte ihn. Außerdem war er ja eigentlich gekommen, um selbst zu segeln.

Letzten Sommer habe ich eine deutsche Urlaubssegelschule in Jugoslawien angesehen. Da war's im Grund nicht sehr viel anders. Der Segellehrer war bei weitem netter, der Unterricht in Theorie viel besser, aber das Bootsführersystem dasselbe. Ein dickes Mädchen beschwerte sich am fünften Segeltag: „Ich sitze hier nur an Bord herum und werde von links nach rechts gejagt oder von rechts nach links. Die Pinne habe ich noch nicht einmal in die Hand bekommen."

„Ja", sagte der nette Segellehrer, „das ist nicht gut. Der Alfred sollte dich doch mal ranlassen."

Schulen dieses Typs gibt es genug; sie sind in der Haltung am billigsten. Solange man sie bloß besucht, um etwas Anschluß zu finden, oder falls einem nur an der frischen Luft gelegen ist, kann man hingehen. Wenn man freilich segeln lernen will, sind sie vollkommen nutz- und sinnlos, und es ist schade um das Geld und um die schöne Zeit.

In manchen Schulen fährt der einsame Segellehrer wenigstens im Motorboot mit hinaus und schreit die Leute von dortaus an, läßt die Schüler um sich herumfahren und Halsen oder Wenden üben. Oder er begibt sich dann und wann an Bord des einen oder andern Schiffs und zeigt den Schülern was. Das ist schon weitaus besser.

Noch andere Schulen haben eine ganze Schar von Segel- und Hilfssegellehrern, von denen jeder für zwei, drei Boote zuständig ist und abwechselnd vom einen auf das andre umsteigt. Da kann man was lernen.

Darum sollte man nicht unbesehen einen Segelkurs buchen. Sondern vorher folgendes tun:

- Wenn's irgend geht und wenn die Schule in Wohnungsnähe ist, hinfahren und den Kursbetrieb beobachten.
- Ein paar Kursteilnehmer ansprechen und fragen: Lernt man hier was, und wie wird das hier gemacht?
- Möglichst in eine Schule gehen, die Segelunterricht auf Jollen anbietet; auf einer Jolle sitzt man zu zweit, da muß man etwas zu tun bekommen und damit zwangsläufig etwas lernen.

- Falls sich der Kurs im fernen Spanien abspielt und nicht vorher besichtigt werden kann: nur buchen, wenn angegeben ist: „Am Ende unseres Zweiwochenkurses können Sie die Prüfung zum A-Schein ablegen." — Dann ist anzunehmen, daß die Schule sich bemüht, ihren Kunden etwas beizubringen; sie stünde doch zu dumm da, wenn jedesmal dreiviertel ihrer Zöglinge durchfielen, weil sie so schlecht ausgebildet wurden.

Natürlich kann sich der Segellehrer auch in der besten Schule nicht dauernd um einen Schüler kümmern. Und ebenso natürlich kann dieser eine nicht täglich von früh bis abends Steuermann sein. Die andern haben auch bezahlt und möchten auch was lernen. Aber bei vernünftigem Unterricht profitiert man auch aus den Fehlern und Fortschritten der anderen.

Wem's sehr pressiert, dem würde sich's empfehlen, einen privaten Lehrer anzuheuern. Manche Segelbootverleiher geben Privatstunden, manche Segelschullehrer sind bereit, am Samstagsonntag auch Privatschüler zu unterrichten.

Das ist nicht gerade billig: 20, 25 Mark pro Stunde wird man rechnen müssen. Dafür aber braucht man nicht vierzehn Tage, sondern lernt dasselbe im Lauf von fünf oder sechs Stunden. Theoretischer Unterricht ist nur am Rand dabei; ihn kann man jedoch durch die Lektüre eines guten Buchs — dieses zum Beispiel — ohne weiteres ersetzen.

# *Der diplomierte Seemann*

Das hohe Ziel strebsamer Segelamateure ist es, den A-Schein zu erwerben, den „Segel-Führerschein für Binnenfahrt". Gestrenge Kommissionen, vom DSV (Deutschen Segler-Verband) eingesetzt, nehmen die Prüfung ab in Theorie und Praxis, und wer ihn hat, den Schein, der gilt vor sich und seinen Segelkameraden als ein Mensch, der segeln kann, wenigstens im Prinzip.

Im Regelfall geht man, um den Schein zu erwerben, in eine der vom DSV anerkannten Segelschulen, läßt sich dort vierzehn Tage lang oder drei Wochen unterrichten und wird hinterher examiniert. (Die jeweils gültige Segelschulenliste kann man sich vom Deutschen Segler-Verband, 2 Hamburg 76, Adolfstraße 56, schicken lassen).

Auch Segelclubs veranstalten A-Schein-Kurse. — Wer sich den Kurs sparen will, kann auch als Selbststudent bei einem Club zur Prüfung antreten, sogar wenn er nicht Mitglied dieses Clubs ist; nur der Segelclub muß dem Verband angehören. Der solcherart extern gemachte Schein hat bloß einen Schönheitsfehler: Er enthält den Vermerk: „Berechtigt nicht zur Teilnahme an Verbandsveranstaltungen des DSV."

Was hat man von seinem A-Schein, wenn man ihn hat? — Der Führerscheinausschuß des DSV beantwortet diese Frage so:

„Einmal hat ein A-Scheininhaber die theoretischen und praktischen Kenntnisse, die für die Prüfung verlangt werden. Zum anderen ist bei Verbandsregatten auf Binnenrevieren der A-Schein vorgeschrieben. Als letztes wird von den Versicherungen ein entsprechender Befähigungsnachweis verlangt."

Dies trifft fast vollinhaltlich zu, nur das mit den Versicherungen stimmt nicht ganz: Sie begnügen sich damit, daß man in der Spalte „Segelkenntnisse" — „ja" vermerkt. Im Schadenfall könnte es passieren, daß sie nach der seglerischen Eignung des Bootsführers forschen; sie läßt sich durch Vorlage eines Seglerscheins am einfachsten beweisen; aber auch ohne Schein geht man des Versicherungsschutzes nicht verlustig.

Vorgeschrieben ist der A-Schein nicht. Nur auf dem Bodensee braucht, wer Motorboote über 6 PS und Segelboote mit mehr als 12 Quadratmetern Segelfläche führen will, ein amtliches „Bodenseeschifferpatent". (Der A-Schein gilt dort nicht.)

Hier und dort soll es Bootsvermieter geben, die ihre Schiffe nur an Scheininhaber ausleihen. Sie sind allerdings stark in der Minderzahl: so gut geht ihr Geschäft auch nicht, daß sie sich's leisten könnten, die Hälfte ihrer Kunden wieder fortzuschicken. Am Ammersee habe ich beim Befragen zahlreicher Verleiher nicht einen gefunden, der den A-Schein sehen wollte; am Starnberger See traf ich einen, der meinte, bei stärkeren Winden seien ihm Scheinbesitzer lieber. Meistens wollten sie nicht mehr, als daß man einen Zettel unterschreibt: „Ich versichere, daß ich hinreichende Segelkenntnisse besitze."

In Leoni war ich bei Frau Simmerding, die mir erklärte, von A-Schein-Seglern halte sie gleich überhaupt nichts. Neulich erst sei einer dagewesen und habe beim Anlegen ihren schönen Steg kaputtgefahren. Befragt, wo und wie er den Schein erworben habe, sagt er: „In Österreich, da haben die bloß verlangt, daß ich eine Wende mache." — Das freilich ist nicht typisch für A-Scheinprüfungen.

Wer einen A-Schein haben möchte, soll

- mindestens 14 Jahre alt sein,
- einigermaßen sehen,
- nicht an Farbenblindheit leiden
- und ein paar grundsätzliche Kenntnisse in Erster Hilfe haben (Unfall-Sofortmaßnahmen-Kurs reicht).

Außerdem muß er eine theoretische und praktische Prüfung bestehen (die er, falls er durchfällt, wiederholen darf). Knoten, Segelkommandos, „allgemeine Instandhaltungsarbeiten" und die gängigen Manöver (An- und Ablegen, Mann über Bord, Wenden, Halsen usw.) soll er können — bei Mindestwindstärke 3 —, und in der Theorie wird er befragt:

Was verstehen Sie unter „Boje Steuerbord runden"?

Antwort: Die Boje an der Steuerbordseite des Bootes liegen lassen, also rechts.

Wie behandeln Sie neu an Bord genommenes Tauwerk?

Antwort: Tampen takeln und spleißen.

Wie heißt das untere Segeldreieck zwischen Mast und Großbaum?

Antwort: Segelhals.

Welche Beplankungsarten gibt es?

Antwort: Karweel-, Klinker-, Diagonalkarweel-, Nahtspantenbeplankung und Schalenbau.

Was verstehen Sie unter „recht voraus"?

Antwort: Genau voraus in Verlängerung der Mitschiffslinie.

Was ist eine Yawl?

Antwort: Ein Typ der Yachttakelage mit einem hinter dem Ruder stehenden kleinen Heckmast (Treiber oder Besan).

Wie nennt man dreikardeeliges und wie nennt man vierkardeeliges Tauwerk?

Antwort: Dreikardeeliges heißt Trossenschlag, vierkardeeliges Wantschlag.

Es ist für einen Laien nicht ganz leicht, den Sinnreichtum so mancher dieser Fragen einzusehen. Aber das soll ihn nicht abhalten, eines Tages doch den A-Schein zu erwerben. Denn er hat mindestens eines für sich: So beschäftigt man sich doch einmal mit den verschiedenen Fragen der Seglerei, und wer weiß, vielleicht bleibt sogar etwas davon hängen.

# 100 Wörter seemännisch

Dies ist nur ein ganz kleiner Auszug aus dem Vokabular der Seglersprache; der echte Seemann, obgleich wortkarg, spricht und versteht mehr als dreieinhalbtausend Wörter (dazu noch einige, die auch zuland benutzt werden). Die hier ausgewählten sind jedoch die wichtigsten, beziehungsweise die, mit denen man am wahrscheinlichsten konfrontiert wird.

Daß dem Leser so manches Wort schon aus dem Text geläufig ist, mag ihn nicht weiter stören, im Gegenteil: daran erkennt er, wieviel er aus der Lektüre dieses Buches doch gelernt hat.

ABFALLEN — den Kurs zur Leeseite hin ändern, das heißt so, daß der Wind in einem stumpferen Winkel zur Fahrtrichtung einfällt als bisher. Das Gegenteil ist „anluven". (Siehe Skizze Seite 52)

ABLANDIG — nennt man den Wind, der vom Lande weg, vom Lande ab, aufs Wasser weht. Gegenteil: „auflandig".

ABLEGEN — mit einem Boot, das am Steg, an einer Boje oder sonstwo gelegen hat, abfahren. Wie man das macht, zeigt die Skizze auf Seite 92.

ABTRIFT — das seitliche Abtreiben des Boots von seinem Kurs, durch Wind, Strömung und Wellengang hervorgerufen. Wer unbedingt will, kann auch „Abdrift" schreiben, mit weichem d; der Duden erlaubt's.

ACHTERN — heißt „hinten"; für „von hinten" sagt der Seeman „achterlich" und spricht von „achterlichem Wind". „Achteraus" bedeutet „nach hinten, rückwärts". — „Achter" ist die niederdeutsche Form von „after" — so hieß „hinten" auf mittelhochdeutsch. Da dieses Wort vom „After" in Anspruch genommen wurde, kam's für schicklichere Zusammenhänge ab.

AHOI — so ruft man andere Schiffe an, denen man etwas sagen möchte. Ein Gruß oder Segenswunsch wie „Hals- und Beinbruch" und „Glückauf" ist „Ahoi" nicht.

ANLUVEN — der Gegensatz zu „Abfallen“: den Kurs nach Luv, zum Wind hin, ändern, so daß der Winkel zwischen Fahrt- und Windrichtung spitzer wird. (Siehe Skizze auf Seite 52)

AUFSCHIESSEN — siehe Seite 55: das Schiff gegen den Wind stellen und auslaufen lassen. Man kann auch sagen: „einen Aufschießer machen“.

BACK — bedeutet niederdeutsch „zurück“; man kennt das Wort auch aus dem Englischen. Zum Ablegen hält man das Vorsegel „back“, das heißt: gegen den Wind. (Siehe Skizze Seite 92)

BACKBORD — die — in Fahrtrichtung gesehen — linke Seite des Schiffs, im Unterschied zu Luv und Lee immer dieselbe. Früher war das Steuer des Schiffes auf der rechten Seite — daher Steuerbord-, und der Steuermann wendete der linken Seite seinen Rücken, seine Back-Seite zu. (Siehe Skizze Seite 44)

BÄNDSEL — ein dünnes Stück Schnur oder ein Leinwandstreifen, womit man etwas festbindet.

BAUM — das ist die waagerecht liegende Stange (im Unterschied zum aufgestellten Mast), an der die Unterseite des Großsegels befestigt ist (daher „Großbaum“) und die einen bei unvorsichtigen Manövern an den Kopf hauen kann. Weil Bäume im Wasser meistens liegend schwimmen, dachten die Erfinder der Seemannssprache, ein Baum gehöre so.

BEKNEIFEN — ein Stück Seil so an einer Klampe oder dergleichen festmachen, daß es sich — ohne Koten — durch den eigenen Zug festklemmt.

BELEGEN — soviel wie „festmachen“: eine Schnur an einem Pfahl, einer Klampe usw.

BERGEN — die Segel „bergen“ heißt: die Segel herunternehmen, einholen.

BILGE — das ist die tiefste Stelle des Bootes, unterhalb der Bodenbretter, daran erkennbar, daß sich hier das hereingespritzte Wasser sammelt. Man spricht die Bilge „bildsch“ aus, denn es handelt sich um ein englisches Wort.

BLOCK — eine Rolle — oder auch mehrere Rollen —, in einem Gehäuse untergebracht, über die ein Seil läuft.

BÖ — ein Windstoß. Niederländisch heißt das „bui“, schwedisch „by“, und man nimmt an, es sei ein lautmalendes Wort, das den buuu-Ton des Windes nachahmt.

BOJE — ein Schwimmkörper, der mithilfe eines Bojensteins am Grunde des Wassers verankert ist. Sie dient als Seezeichen oder dazu, daß man sein Boot daran festmacht.

BUG — heißt der vorderste Teil des Schiffs, im Gegensatz zum Heck, welches man hinten findet.

CURRYKLEMME — von Manfred Curry erfunden und deshalb so genannt: eine federnde, gezähnte Klemme, die die Schot (siehe dort) leicht lösbar festzwickt, wenn man sie nicht in der Hand halten will. (Skizze 30.)

DICHTHOLEN — nahe heranholen: ein Seil, eine Schot heranziehen, so daß das Segel nahe zur Schiffsmitte rückt.

DUCHT — Sitzbank im Boot.

DWARS — ist die mitteldeutsche Form von „quer“ und bedeutet auch genau dasselbe: „rechtwinkelig von der Seite“.

EINHAND — typisches Seemannsgarn: ein Einhandboot ist ein Segelboot, das ein Mann allein bedienen kann — freilich braucht er dazu dringend beide Hände.

ENDE — so heißt auf seemännisch das Tau — nicht etwa sein Schlußstück, das als „Tamp“ bezeichnet wird.

FALL — schon wieder ein Seil, und zwar eines, mit dessen Hilfe ein Segel, Schwert oder Ruderblatt hochgezogen und herabge-

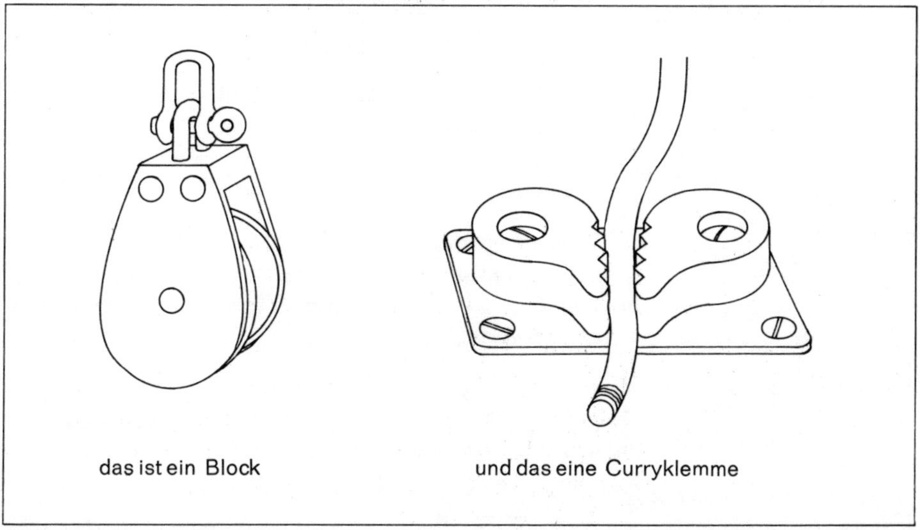


*Skizze 30*

lassen wird. Fürs Großsegel ist das „Großfall" da, fürs Focksegel das „Fockfall", fürs Schwert das „Schwertfall" usw. Die Mehrzahl lautet „Fallen".

FENDER — ein Scheuerschutz, ein kleines Polster, über Bord gehängt, welches verhindert, daß das Schiff am Steg, an der Kaimauer verkratzt wird oder an andern Booten scheuert. Das Wort ist englisch und hängt mit lateinisch „defendere" = „verteidigen" zusammen.

FIEREN — ein Seil, auf welchem Zug steht — zum Beispiel die Großschot, an der das vom Wind beblasene Großsegel hängt —, nachlassen.

FLAUTE — Windstille — ein niederdeutsches, von „flau" hergeleitetes Wort.

FOCK — das — kleinere — Vorsegel vor dem Hauptsegel. Das Wort soll vom altnordischen „fjuka" = „vom Wind getragen werden" kommen.

GENUA — ein sehr großes Vorsegel.

HALSEN — das Schiff vor dem Wind wenden, was bei größeren Windstärken nicht ungefährlich ist und worüber Ausführliches auf den Seiten 59 ff. zu lesen steht.

HECK — das hintere Ende des Schiffs — von niederländisch „hek" = „Lattenzaun" hergeleitet, weil der Platz des Steuermannes früher eingezäunt war, damit man diesen wichtigen Menschen nicht unversehens verlor.

JOLLE — ein kleineres Segelboot, das keinen Ballastkiel, sondern ein hochziehbares Schwert hat (siehe Seite 13) und darum in seichten Gewässern fahren, aber auch ohne größere Umstände kentern kann.

KENTERN — das Wort hängt mit der Kante zusammen und bedeutet ursprünglich nur: etwas auf die Seite, auf die Kante legen; im Lauf der Zeit hat sich's verschlimmert und heißt heutzutage „umwerfen".

KIEL — der unterste Längsbalken des Schiffs. Ist dieser Kiel, als „Ballastkiel" nach untenhin verlängert und sehr schwer, dann entsteht das „Kielboot", das, im Unterschied zum Schwertboot, nicht kentern kann (aber sinken).

KILLEN — das Flattern der Segel, wenn sie im Wind stehen oder nicht richtig gehalten werden.

KLAMPE — ein Beschlagteil aus Holz, Metall oder Kunststoff zum Festmachen von Seilen. (Siehe Skizze Seite 41.)

KNOTEN — statt km/h fährt der Seemann Knoten. 1 Knoten ist 1 Seemeile pro Stunde, und eine Seemeile = 1852 m; dieses krumme Maß kommt nicht von ungefähr: 1852 m ist die Größe einer Breitenminute am Äquator. Der Ausdruck „Knoten“ kommt von den geknoteten Marken an der Logleine, mit deren Hilfe sich die Geschwindigkeit eines Schiffes messen läßt.

KRÄNGEN — ein Schiff „krängt“ heißt: es legt sich nach der Seite. Im Angelsächsischen bedeutet „cringan“ = „im Kampfe fallen“; so schlimm ist das heute nicht mehr, indessen kann ein Boot, welches zu stark krängt, zu schräg im Wasser liegt, durchaus auch umfallen, im Kampf mit dem Wind.

KREUZEN — im Zickzackkurs ein Ziel anfahren, das gegen die Windrichtung liegt (gegen die man ja nicht direkt segeln kann). Kreuzer — so nannte man früher Aufklärungsschiffe — taten so und erhielten daher ihren Namen.

KUHWENDE — macht man, wenn man sich nicht zu halsen traut. Wie, steht auf Seite 62.

LATERALPLAN — die Umrißlinie, die Silhouette jenes Teils des Schiffes, das unter der Wasseroberfläche liegt, anspruchsvoller ausgedrückt: die Projektion des Unterwasserteils des Schiffes auf die Mittschiffsebene. In segeltheoretischen Abhandlungen spielt der Lateralplan eine große Rolle.

LAUFENDES GUT — alle Taue, die beim Bewegen der Segel und dergleichen über Blöcke oder Scheiben laufen, sich also selber mitbewegen. Gegensatz: „stehendes Gut“.

LEE — die vom Wind abgewandte Bootsseite, wo das Großsegel hängt; das kann einmal die linke, ein andermal die rechte Seite sein. Das Gegenteil ist „Luv“. „Lee“ kommt vom mittelniederdeutschen „le“, dem Ort, an dem Windstille herrscht. Wo der Wind nicht hinweht, ist es wärmer als anderswo; so kann man verstehen, daß „lee“ mit „lau“ verwandt ist.

LENZEN — niederländisch „lens“ heißt „leer“, und „lenzen“ bedeutet „leermachen“: Bodenwasser aus dem Schiff entfernen. Lenzventile nehmen dem Segler diese Arbeit ab.

LIEK — die Kante des Segels. Je nachdem, ob es sich um die vordere, untere oder hintere Kante handelt, spricht man von „Vorliek“, „Unterliek“ und „Achterliek“. Her kommt das Wort vom lateinischen „ligare“ = „binden“. Die Mehrzahl heißt „die Lieken“, und „Liek“ ist sächlichen Geschlechts: „das Liek“.

LUV — das Gegenteil von „Lee“: die Seite, von der der Wind bläst, auf welcher der Steuermann zu sitzen hat. Altnordisch „lofi“ war ein flaches Hilfsruder, das gegen den Wind ausgelegt wurde. — Zum Merken: „Luv“ ist ein lautmalendes Wort und ahmt das Pfeifen des Windes nach; an Lee dagegen sitzt normalerweis kein Steuermann: die Lee-Seite ist lee-r.

MAST — den kennt ein jeder: er steht aufrecht auf dem Schiff und ist das Rückgrat der gesamten Takelage.

NOCK — heißt das Ende des Baumes.

PERSENNING — ursprünglich ein geteertes Segeltuch zum Zudecken des Schiffsdecks. Heute benutzt man keinen Teer mehr, sondern Kunststoff. Das Wort ist ausnahmsweise nicht niederdeutsch, sondern kommt aus dem Altfranzösischen, von „porceinare“ = „rund einschließen“.

PINNE — der Hebelarm des Steuerruders, den man in der Hand hält, um das Schiff zu lenken. Von mittellateinisch „pinna“ = „Pflock“.

PLICHT — die Plicht, auch „Cockpit“ genannt, ist, auf nicht ganz kleinen Schiffen, die von Sitzbänken umgebene Vertiefung im Deck vor dem Steuerruder. Hier sitzen der Steuermann und die Besatzung.

POLLER — eine Art riesengroße Klampe am Steg oder Kai zum Festmachen von Schiffen.

PÜTTING — ein Beschlag am Schiff, an dem die Wanten befestigt werden.

QUERAB — dasselbe wie „dwars“: 90 Grad zur Fahrtrichtung des Schiffs gelegen. Die umgekehrte Richtung, senkrecht aufs Schiff zu, heißt „querein“.

RAUMSCHOTS — segeln heißt: mit raumem Wind segeln; Näheres darüber steht auf Seite 53.

REE — ein Kommando beim Wenden: Pinne nach Lee! — „Ree“ heißt auf mittelniederdeutsch „fertig“, „bereit“.

REFFEN — die Segelfläche verkleinern, und zwar dadurch, daß man das Großsegel teilweise um den Baum herumwickelt. Das geschieht, wenn man den Eindruck hat, die Windstärke sei zu hoch für die ganze Segelfläche. Altisländisch „rifa“ = „reißen“ steckt im „reffen“, und auch mit „raffen“ ist das Wort verwandt. — Ist die Gefahr vorüber, wird das Segel wieder hochgezogen. Dieser Vorgang heißt „Ausreffen“.

REGATTA — ein Wettrennen zu Wasser, mit Segel-, Motor- oder Ruderbooten und mit Wegerechtsvorschriften, die von den allgemeinen etwas abweichen. — Das Wort ist venezianischer Herkunft, die Venezianer haben's aus althochdeutsch „riga“ = „Reihe“ gemacht: die Reihe der startenden Gondeln.

RIEMEN — so nennt der Seemann das, was Binnenländer als „Ruder“ bezeichnen. Schon mittelhochdeutsch gab es dafür beide Wörter: „ruoder“ und „rieme“, letzteres von lateinisch „remus“ = „Ruder“ hergeleitet.

RUDER — beim Kahnfahren steuert man mit dem Ruder. So kam das wohl durcheinander. Am Boot gibt's heut nur mehr das Steuerruder.

RUDERGÄNGER — heißt der, der am Ruder sitzt und die Pinne bedient.

SALING — seitwärts gerichtete Stäbe auf etwa halber Masthöhe zum Ausspreizen der Wanten heißen Salinge. (Siehe Skizze Seite 23) Die Einzahl heißt „die Saling“.

SCHÄKEL — englisch „shackle“ und niederländisch „Schakel“ ist ein Kettenglied. Ein Schäkel — siehe Skizze 4, Seite 35 — ist etwas Ähnliches, aber auf einer Seite offen und dort durch eine Schraube zu schließen, und dient als lösbares Verbindungsglied zwischen Drahtseil und Beschlägen, Fall und Segel und dergleichen.

SCHAMFILEN — mit Betonung auf der zweiten Silbe, heißt: „reiben“ oder „scheuern“. Tauwerk und Segel können schamfilen — und dadurch kaputtgehen.

SCHEINBARER WIND — der aus dem wahren Wind (siehe dort) und dem Fahrtwind resultierende und auf das Segelboot einwirkende Wind. (Genaueres siehe Seite 50.)

SCHIFTEN — von englisch „to shift“ = „den Ort ändern“: ein Segel von einer Schiffsseite auf die andere bringen.

SCHLAG — die Strecke zwischen zwei Wendepunkten beim Kreuzen.

SCHOT — ein Stück Seil, das am Segel angemacht wird und dazu dient, dieses Segel zu halten und zu führen. Die „Großschot“ hängt am Großbaum, die „Fockschot“ am Vorsegel. — Das Wort hängt mit „Schoß“ zusammen, „Schoß“ im Sinn von „Zipfel“; von der unteren Segelecke ist er auf das daran befestigte Seil übergegangen.

SCHRICKEN — eine Schot, auf der Zug steht, schrickt man, indem man sie ein Stück nachläßt. „Schricken“ bedeutet ungefähr dasselbe wie „fieren“.

SCHWERT — ersetzt bei der Jolle den Ballastkiel und kann, im Gegensatz zu diesem Kiel, hochgezogen werden, so daß man auch über seichte Wasserstellen fahren kann.

SCHWOJEN — ein niederländisches Wort, das das Drehen des an der Boje oder an einem andern Festmachpunkt hängenden Schiffs im Wind bezeichnet.

SLIPPEN — „to slip“ heißt auf englisch „schlüpfen, gleiten“. Ein Schiff, das an Land liegt, wird ins Wasser geslippt, entweder auf einer Gleitbahn oder, auf Schienen oder ohne Schienen, mithilfe eines Slipwagens.

SPINNAKER — ein großes leichtes Segel, das sich wie ein Ballon aufbläht und meist schön bunt ist, zum Segeln vor dem Wind. Das Wort ist englisch, wird aber in ganz deutscher Weise ausgesprochen.

STAG — ein Drahtseil auf dem Schiff, das etwas abstützt, und zwar nach vorn oder nach hinten. Der Mast zum Beispiel wird durch das „Vorstag“ nach vorne abgespannt, „verstagt“. (Siehe Skizze auf Seite 23.) Mehrzahl: „die Stagen“. — „Über Stag gehen“ heißt „wenden“.

STANDER — eine dreieckige Flagge mit den Farben seines Clubs, die der feine Segelsportsmann führt. Aus mittelhochdeutsch „standhart“ wurde sowohl die Standarte wie auch der Stander.

STEHENDES GUT — das feststehende Tau- und Drahtseilwerk, das sich, im Unterschied zum „laufenden Gut“ nicht bewegt, die Stagen und Wanten.

STEK — ein noch seemännischeres Wort als „Knoten“, aber mit derselben Bedeutung. („Stecken“ steckt darin.)

STEUERBORD — die, in Fahrtrichtung gesehen, rechte Seite des Schiffs, im Gegensatz zu „Backbord“. Mehr darüber siehe „Backbord“.

STEVEN — der Vordersteven ist die vordere, der Achtersteven die hintere Begrenzung des Schiffs. Das Wort ist mit „Stab“ verwandt.

SÜLL — Leiste zum Schutz gegen überschwappendes Wasser.

TAKELAGE — die Gesamtheit dessen, was aus einem Boot ein Segelschiff macht: seine Ausrüstung mit Mast, Baum, Segel, Tauwerk usw. Daraus erhellt, daß „auftakeln" nicht „Segel setzen" bedeutet; den meisten Seeleuten freilich ist das gleich, sie verwenden das Wort doch in diesem Sinn.

TALJE — ein Seil, das über mindestens zwei Blöcke läuft. Italienisch ist „la taglia" der Flaschenzug.

TAMP — der Tamp — ein niederländisches Dialektwort — ist das Ende eines Taus; so rächt sich's, daß man zum Tau schon „Ende" sagt, nun braucht man für das Ende des Endes ein eigenes Wort.

TOPP — das englische Wort „top", groß und mit einem zweiten „p" geschrieben, bedeutet die Spitze des Masts.

TÖRN — von englisch „to turn" = „drehen", ist eine Drehung im Tauwerk.

TRAPEZ — ein sehr sportliches Gerät für Jollensegler: Oben am Mast ist ein Draht befestigt, unten am Draht ein Gürtel, den legt der Vorschotmann um, und so lehnt er sich, gegen Ins-Wasser-Fallen gesichert, dem Wind entgegen über Bord hinaus, um — bei frischer Brise — die Krängung des Bootes auszugleichen und ein Kentern zu verhindern.

TRIMMEN — durch richtige Gewichtsverteilung — und auch noch durch andere Tricks — dem Boot die besten Fahreigenschaften geben.

VERHOLEN — ein Schiff im Wasser mithilfe von Seilen an einen anderen Platz ziehen.

VERKLICKER — ein Metallgestell auf der Mastspitze, auf dem Masttopp, an dem ein Windfähnchen angebracht ist. Mittelniederdeutsch „verklicken" heißt „verraten"; das Verklickerfähnchen verrät, wo der Wind herkommt.

VORSEGEL — das meistens kleine Segel vor dem Hauptsegel, die Fock.

VORLICH — das Gegenteil von „achterlich": „von vorn".

WAHRER WIND — siehe Seite 47: der Wind aus der Richtung, aus der tatsächlich weht (und beispielsweise an Rauchfahnen an Land zu erkennen ist).

WAHRSCHAU — ein Wort, das man ausruft, um andere Seefahrer zu warnen. Niederländisch „waarschuwen" heißt „melden, benachrichtigen, warnen". — Noch besser sagt man freilich „Obacht!", denn das versteht ein jeder.

WANT — Drahtseil, das den Mast nach der Seite verspannt (im Unterschied zum Stag, welches nach vorne und nach hinten geht). Etymologisch ist die Want etwas „Gewundenes".

WENDE — siehe Seite 56: beim Wenden wechselt man die Windseite, indem man mit dem Bug des Schiffes durch den Wind geht. Gegenteil: die Halse.

WRICKEN — Vorwärtsbewegen des Bootes mit Hilfe eines einzigen Riemens (Ruders) am Heck, der quer zur Fahrtrichtung hin und her bewegt wird. Auch mit dem Steuerruder kann man diesen Effekt erzielen. — Wer „wriggen" mit zwei „g" schreibt, macht auch keinen Fehler.

YACHT — eine Yacht ist ein Sportfahrzeug mit Ballastkiel. Der Duden schreibt „Jacht" und hat gar nicht so unrecht: „Jacht" hängt durchaus mit „jagen" zusammen. Im 16. Jahrhundert waren „Jagschiffe" und „Jachtschiffe" schnellfahrende Schiffe, die sich gut zu Verfolgungsjagden eigneten. Das „Y" kam, ohne eigentlich triftige Gründe, aus dem Englischen in das Wort.